Friedrich Baron
de la Motte Fouqué

Undine

Friedrich de la Motte Fouqué (1777–1843). Kupferstich von F. Fleischmann nach einer
1819 oder Anfang 1820 entstandenen Zeichnung von Wilhelm Hensel (1794–1861). –
Rahel Varnhagen (1771–1833) notierte am 2. Februar 1820 in ihr Tagebuch: »[...] Gestern bei Stägemanns: *sie* gut. Stadtgesellschaft. Fouqués. Graf Pückler. [...] Nachher
war die Rede von Fouqués Bild, das Hensel gemacht hat: Pückler kannte es nicht:
Hr von Stägemann beschrieb es: ich sagte, es sei gut, und ähnlich; aber es sähe aus,
als ob es einer von oben und unten zusammengedrückt hätte; man hätte Lust es auseinander in die Länge zu ziehen. ›Da müsste man, sagte Pückler, es so einrichten wie
die Neujahrswünsche, die man so auseinanderzieht, aus dem Pallasch [schweren Korb-
säbel] müsste die Pritsche [... der Puppenspielfigur des Kaspar] herauskommen.‹ «

Friedrich Baron
de la Motte Fouqué

Undine

Eine Erzählung

Erstes Kapitel

Wie der Ritter zu dem Fischer kam.

⁵ Es mögen nun wohl schon viele hundert Jahre her sein, da gab es einmal einen alten guten Fischer, der saß eines schönen Abends vor der Tür und flickte seine Netze. Er wohnte aber in einer überaus anmutigen Gegend. Der grüne Boden, worauf seine Hütte gebaut war, streckte sich weit in einen ¹⁰ großen Landsee hinaus, und es schien ebenso wohl, die Erdzunge habe sich aus Liebe zu der bläulich klaren, wunderhellen, Flut, in diese hineingedrängt, als auch, das Wasser habe mit verliebten Armen nach der schönen Aue gegriffen, nach ihren hochschwankenden Gräsern und Blumen, und ¹⁵ nach dem erquicklichen Schatten ihrer Bäume. Eins ging bei dem andern zu Gaste, und eben deshalb war jegliches so schön. Von Menschen freilich war an dieser hübschen Stelle wenig oder gar nichts anzutreffen, den Fischer und seine Hausleute ausgenommen. Denn hinter der Erdzunge ²⁰ lag ein sehr wilder Wald, den die mehrsten Leute wegen seiner Finsternis und Unwegsamkeit, wie auch wegen der wundersamen Kreaturen und Gaukeleien, die man darin antreffen sollte, allzu sehr scheueten, um sich ohne Not hineinzubegeben. Der alte fromme Fischer jedoch durchschritt ²⁵ ihn ohne Anfechtung zu vielen Malen, wenn er die köstlichen Fische, die er auf seiner schönen Landzunge fing, nach einer großen Stadt trug, welche nicht sehr weit hinter dem großen Walde lag. Es ward ihm wohl mehrenteils deswegen so leicht, durch den Forst zu ziehn, weil er fast keine andre, ³⁰ als fromme, Gedanken hegte, und noch außerdem jedes Mal, wenn er die verrufenen Schatten betrat, ein geistliches Lied aus heller Kehle und aufrichtigem Herzen anzustimmen gewohnt war.

Erdzunge
→ Seite 105

Aue
→ Seite 105

mehrsten
meisten

Gaukeleien
verführerischen Vorspiegelungen, unheimlichen Streichen

ohne Anfechtung
ohne sich vom Bösen versuchen bzw. einschüchtern zu lassen

mehrenteils
größtenteils, besonders, meistens

Forst
→ Seite 127

verrufenen
in einem üblen Ruf stehenden

geistliches Lied
Lied mit christlich-religiösem Inhalt

kam ihn doch
ein unversehe-
ner Schrecken
an traf ihn ein
unvermuteter
Schrecken

stürmigen
stürmischen

das Laubge-
gitter das Blatt-
werk der Bäume

selbsten
→ Seite 105

minder
weniger

dürfe kön-
ne, werde

gegen die Hütte
vorgeritten
auf die Hütte
zugeritten

Wams
→ Seite 105

Barette
→ Seite 106

Wehrgehenke
→ Seite 126

Da er nun an diesem Abende ganz arglos bei den Netzen saß, kam ihn doch ein unversehener Schrecken an, als er es im Waldesdunkel rauschen hörte, wie Ross und Mann, und sich das Geräusch immer näher nach der Landzunge herauszog. Was er in manchen stürmigen Nächten von den Geheimnissen des Forstes geträumt hatte, zuckte ihm nun auf einmal durch den Sinn, vor allem das Bild eines riesenmäßig langen, schneeweißen Mannes, der unaufhörlich auf eine seltsame Art mit dem Kopfe nickte. Ja, als er die Augen nach dem Walde aufhob, kam es ihm ganz eigentlich vor, als sehe er durch das Laubgegitter den nickenden Mann hervorkommen. Er nahm sich aber bald zusammen, erwägend, wie ihm doch niemals in dem Walde selbsten was Bedenkliches widerfahren sei und also auf der freien Landzunge der böse Geist wohl noch minder Gewalt über ihn ausüben dürfe. Zugleich betete er recht kräftiglich einen biblischen Spruch laut aus dem Herzen heraus, wodurch ihm der kecke Mut auch zurückkam, und er fast lachend sah, wie sehr er sich geirrt hatte. Der weiße, nickende Mann ward nämlich urplötzlich zu einem ihm längst wohlbekannten Bächlein, das schäumend aus dem Forste hervorrann und sich in den Landsee ergoss. Wer aber das Geräusch verursacht hatte, war ein schön geschmückter Ritter, der zu Ross durch den Baumschatten gegen die Hütte vorgeritten kam. Ein scharlachroter Mantel hing ihm über sein veilchenblaues, goldgesticktes, Wams herab; von dem goldfarbigen Barette wallten rote und veilchenblaue Federn, am goldnen Wehrgehenke blitzte ein ausnehmend schönes und reichverziertes Schwert. Der weiße Hengst, der den Ritter trug, war schlankeren Baues, als man es sonst bei Streitrossen zu sehen gewohnt ist, und trat so leicht über den Rasen hin, dass dieser grünbunte Teppich auch nicht die mindeste Verletzung davon zu empfangen schien. Dem alten Fischer war es noch immer nicht

ganz geheuer zumut, obwohl er einzusehn meinte, dass von einer so holden Erscheinung nichts Übles zu befahren sei, weshalb er auch seinen Hut ganz sittig vor dem näherkommenden Herrn abzog, und gelassen bei seinen Netzen ver-
5 blieb. Da hielt der Ritter stille, und fragte, ob er wohl mit seinem Pferde auf diese Nacht hier Unterkommen und Pflege finden könne? – »Was Euer Pferd betrifft, lieber Herr«, entgegnete der Fischer, »so weiß ich ihm keinen bessern Stall anzuweisen, als diese beschattete Wiese, und kein besseres
10 Futter, als das Gras, welches darauf wächst. Euch selbst aber will ich gerne in meinem kleinen Hause mit Abendbrot und Nachtlager bewirten, so gut es unsereiner hat.« – Der Ritter war damit ganz wohl zufrieden, er stieg von seinem Rosse, welches die beiden gemeinschaftlich losgürteten und loszü-
15 gelten, und ließ es alsdann auf den blumigen Anger hinlaufen, zu seinem Wirte sprechend: »Hätt ich Euch auch minder gastlich und wohlmeinend gefunden, mein lieber alter Fischer, Ihr wäret mich dennoch wohl für heute nicht wieder losgeworden, denn, wie ich sehe, liegt vor uns ein breiter
20 See, und mit sinkendem Abende in den wunderlichen Wald zurückzureiten, davor bewahre mich der liebe Gott!« – »Wir wollen nicht allzu viel davon reden«, sagte der Fischer, und führte seinen Gast in die Hütte.

Drinnen saß bei dem Herde, von welchem aus ein spärli-
25 ches Feuer die dämmernde, reinliche, Stube erhellte, auf einem großen Stuhle, des Fischers betagte Frau; beim Eintritte des vornehmen Gastes stand sie freundlich grüßend auf, setzte sich aber an ihren Ehrenplatz wieder hin, ohne diesen dem Fremdling anzubieten, wobei der Fischer lächelnd sag-
30 te: »Ihr müsst es ihr nicht verübeln, junger Herr, dass sie Euch den bequemsten Stuhl im Hause nicht abtritt; das ist so Sitte bei armen Leuten, dass der den Alten ganz ausschließlich gehört.« – »Ei, Mann«, sagte die Frau mit ruhigem Lä-

holden liebenswürdigen

befahren (bereits um 1800 veraltet für:) befürchten

sittig (schon damals veraltet für:) sittsam

Pflege Versorgung (mit Speise und Trank)

den blumigen Anger die Blumenwiese

cheln, »wo denkst du auch hin? Unser Gast wird doch zu den Christenmenschen gehören, und wie könnte es alsdann dem lieben jungen Blut einfallen, alte Leute von ihren Sitzen zu verjagen?« – »Setzt Euch, mein junger Herr«, fuhr sie, gegen den Ritter gewandt, fort; »es steht dorten noch ein recht artiges Sesselein, nur müsst Ihr nicht allzu ungestüm damit hin und her rutschen, denn das eine Bein ist nicht allzu feste mehr.« – Der Ritter holte den Sessel achtsam herbei, ließ sich freundlich darauf nieder, und es war ihm zumute, als sei er mit diesem kleinen Haushalt verwandt, und eben jetzt aus der Ferne dahin heimgekehrt.

Die drei guten Leute fingen an, höchst freundlich und vertraulich miteinander zu sprechen. Vom Walde, nach welchem sich der Ritter einige Male erkundigte, wollte der alte Mann freilich nicht viel wissen; am wenigsten, meinte er, passe sich das Reden davon jetzt in der einbrechenden Nacht; aber von ihrer Wirtschaft und sonstigem Treiben erzählten die beiden Eheleute desto mehr, und hörten auch gerne zu, als ihnen der Rittersmann von seinen Reisen vorsprach und dass er eine Burg an den Quellen der Donau habe und Herr Huldbrand von Ringstetten geheißen sei. Mitten durch das Gespräch hatte der Fremde schon bisweilen ein Plätschern am niedrigen Fensterlein vernommen, als sprütze jemand Wasser dagegen. Der Alte runzelte bei diesem Geräusche jedes Mal unzufrieden die Stirn; als aber endlich ein ganzer Guss gegen die Scheiben flog, und durch den schlechtverwahrten Rahmen in die Stube hereinsprudelte, stand er unwillig auf, und rief drohend nach dem Fenster hin: »Undine! Wirst du endlich einmal die Kindereien lassen. Und ist noch obenein heut ein fremder Herr bei uns in der Hütte.« – Es ward auch draußen stille, nur ein leises Gekicher ließ sich noch vernehmen, und der Fischer sagte, zurückkommend: »Das müsst Ihr nun schon zugutehalten, mein ehrenwerter

dem lieben jungen Blut den lieben jungen Leuten

dorten → Seite 106

artiges feines, angenehmes → Seite 106

passe sich sei … am Platz

Wirtschaft Hauswirtschaft, Haushaltung

schlechtverwahrten Rahmen unzureichend gesicherten Fensterrahmen

obenein obendrein, überdies

zugutehalten zur Entschuldigung einer Person bzw. ihres Verhaltens berücksichtigen

Gast, und vielleicht noch manche Ungezogenheit mehr, aber sie meint es nicht böse. Es ist nämlich unsere Pflegetochter Undine, die sich das kindische Wesen gar nicht abgewöhnen will, ob sie gleich bereits in ihr achtzehntes Jahr gehen mag.
5 Aber wie gesagt, im Grunde ist sie doch von ganzem Herzen gut.« – »Du kannst wohl sprechen!«, entgegnete kopfschüttelnd die Alte. »Wenn du so von Fischfang heimkommst oder von der Reise, da mag es mit ihren Schäkereien ganz was Artiges sein. Aber sie den ganzen Tag lang auf dem Hal-
10 se haben, und kein kluges Wort hören, und statt bei wachsendem Alter Hülfe im Haushalte zu finden, immer nur dafür sorgen müssen, dass uns ihre Torheiten nicht vollends zugrunde richten, – da ist es gar ein andres, und die heilige Geduld selbsten würd es am Ende satt.« – »Nun, nun«, lä-
15 chelte der Hausherr, »du hast es mit Undinen und ich mit dem See. Reißt mir der doch auch oftmals meine Dämme und Netze durch, aber ich hab ihn dennoch gern und du mit allem Kreuz und Elend das zierliche Kindlein auch. Nicht wahr?« – »Ganz böse kann man ihr eben nicht werden«,
20 sagte die Alte, und lächelte beifällig.

Da flog die Türe auf, und ein wunderschönes Blondchen schlüpfte lachend herein, und sagte: »Ihr habt mich nur gefoppt, Vater; wo ist denn nun Euer Gast?« – Selben Augenblicks aber ward sie auch den Ritter gewahr, und blieb stau-
25 nend vor dem schönen Jünglinge stehn. Huldbrand ergötzte sich an der holden Gestalt, und wollte sich die lieblichen Züge recht achtsam einprägen, weil er meinte, nur ihre Überraschung lasse ihm Zeit dazu, und sie werde sich bald nachher in zwiefacher Blödigkeit vor seinen Blicken abwenden. Es
30 kam aber ganz anders. Denn als sie ihn nun recht lange angesehn hatte, trat sie zutraulich näher, kniete vor ihm nieder, und sagte, mit einem goldnen Schaupfennige, den er an einer reichen Kette auf der Brust trug, spielend: »Ei du schö-

kindische ›kindisch‹ wurde um 1800 sowohl neutral, im Sinne des heutigen ›kindlich‹, als auch im heutigen abwertenden Sinn verwendet.

ob sie gleich obgleich sie

gehen mag wohl … geht

Schäkereien flirtartige Neckereien, besonders zwischen Personen unterschiedlichen Geschlechts

beifällig zustimmend, mit sichtlichem Wohlgefallen

ward … gewahr nahm … wahr, erblickte

ergötzte erfreute

zwiefacher zweifacher

Blödigkeit → Seite 106

Schaupfennige → Seite 106

ner, du freundlicher Gast, wie bist du denn endlich in unsre
arme Hütte gekommen? Musstest du denn jahrelang in der
Welt herumstreifen, bevor du dich auch einmal zu uns fan-
dest? Kommst du aus dem wüsten Walde, du schöner
Freund?« – Die scheltende Alte ließ ihm zur Antwort keine ⁵
Zeit. Sie ermahnte das Mädchen, fein sittig aufzustehn und
sich an ihre Arbeit zu begeben. Undine aber zog, ohne zu
antworten, eine kleine Fußbank neben Huldbrands Stuhl,

ihrem Gewebe
ihrer Webarbeit,
ihrer Handarbeit

setzte sich mit ihrem Gewebe darauf nieder, und sagte
freundlich: »Hier will ich arbeiten.« Der alte Mann tat, wie ¹⁰
Eltern mit verzognen Kindern zu tun pflegen. Er stellte sich,
als merke er von Undines Unart nichts, und wollte von etwas
anderm anfangen. Aber das Mädchen ließ ihn nicht dazu. Sie

*ließ ihn nicht da-
zu* ließ ihn nicht
dazu kommen

sagte: »Woher unser holder Gast kommt, habe ich ihn ge-
fragt, und er hat mir noch nicht geantwortet.« – »Aus dem ¹⁵
Walde komme ich, du schönes Bildchen«, entgegnete Huld-

darinnen
darin

brand, und sie sprach weiter: »So musst du mir erzählen, wie
du da hineinkamst, denn die Menschen scheuen ihn sonst,

seltsamlichen
→ Seite 107

und was für wunderliche Abenteuer du darinnen erlebt hast,
weil es doch ohne dergleichen dorten nicht abgehn soll.« – ²⁰

hereingrinzen;
hereingrinsen;
in der rheini-
schen Mundart
bezeichnete
›grinzen‹ ei-
gentlich das
Nörgeln eines
empfindlichen,
unzufriedenen
Menschen.

Huldbrand empfand einen kleinen Schauer bei dieser Erinnerung, und blickte unwillkürlich nach dem Fenster, weil es
ihm zumute war, als müsse eine von den seltsamlichen Gestalten, die ihm im Forste begegnet waren, von dort hereingrinzen; er sah nichts, als die tiefe, schwarze Nacht, die nun ²⁵
bereits draußen vor den Scheiben lag. Da nahm er sich zusammen, und wollte eben seine Geschichte anfangen, als ihn
der Alte mit den Worten unterbrach: »Nicht also, Herr Rit-

also so

ter; zu dergleichen ist es jetzund keine gute Zeit.« – Undine

jetzund
→ Seite 107

aber sprang zornmütig von ihrem Bänkchen auf, setzte die ³⁰
schönen Arme in die Seiten, und rief, sich dicht vor den Fi-

zornmütig
zum Zorn
neigend; hef-
tig zürnend

scher hinstellend: »Er soll nicht erzählen, Vater? Er soll
nicht? Ich aber will's; er soll! Er soll doch!« – Und damit trat

das zierliche Füßchen heftig gegen den Boden, aber das alles mit solch einem drollig anmutigen Anstande, dass Huldbrand jetzt in ihrem Zorn fast weniger noch die Augen von ihr wegbringen konnte, als vorher in ihrer Freundlichkeit.

5 Bei dem Alten hingegen brach der zurückgehaltene Unwillen in volle Flammen aus. Er schalt heftig auf Undines Ungehorsam und unsittiges Betragen gegen den Fremden, und die gute alte Frau stimmte mit ein. Da sagte Undine: »Wenn ihr zanken wollt, und nicht tun, was ich haben will, so schlaft

10 allein in eurer alten, räuchrigen Hütte!« – Und wie ein Pfeil war sie aus der Tür und flüchtigen Laufes in die finstere Nacht hinaus.

Zweites Kapitel

15

Auf welche Weise Undine zu dem Fischer gekommen war.

Huldbrand und der Fischer sprangen von ihren Sitzen, und
20 wollten dem zürnenden Mädchen nach. Ehe sie aber an die Hüttentür gelangten, war Undine schon lange in dem wolkigen Dunkel draußen verschwunden, und auch kein Geräusch ihrer leichten Füße verriet, wohin sie ihren Lauf wohl gerichtet haben könne. Huldbrand sah fragend nach seinem Wirte;
25 fast kam es ihm vor, als sei die ganze liebliche Erscheinung, die so schnell in die Nacht wieder untergetaucht war, nichts andres gewesen, als eine Fortsetzung der wunderlichen Gebilde, die früher im Forste ihr loses Spiel mit ihm getrieben hatten, aber der alte Mann murmelte in seinen Bart: »Es ist
30 nicht das erste Mal, dass sie es uns also macht. Nun hat man die Angst auf dem Herzen, und den Schlaf aus den Augen für die ganze Nacht; denn wer weiß, ob sie nicht dennoch einmal Schaden nimmt, wenn sie so draußen im Dunkel allein ist

Anstande schicklichen äußeren Betragen

unsittiges ungeniertes, allzu unbekümmertes → Seite 107 (vgl. zudem Seite 7)

räuchrigen verräucherten

flüchtigen Laufes leicht und schnell

früher zuvor

loses munteres, schalkhaftes, leichtfertiges, mutwilliges

dass sie es uns also macht dass sie sich so verhält, dass sie uns einen solchen Streich spielt

um Gott! um
Gottes willen!

Springinsfeld
→ Seite 107

bis an das Morgenrot.« – »So lasst uns ihr doch nach, Vater,
um Gott!«, rief Huldbrand ängstlich aus. Der Alte erwiderte: »Wozu das? Es wär ein sündlich Werk, ließ ich Euch in
Nacht und Einsamkeit dem törichten Mädchen so ganz al-
leine folgen, und meine alten Beine holen den Springinsfeld   5
nicht ein, wenn man auch wüsste, wohin sie gerannt ist.«
– »Nun müssen wir ihr doch nachrufen mindestens, und sie
bitten, dass sie wiederkehrt«, sagte Huldbrand, und begann
auf das Beweglichste zu rufen: »Undine! Ach Undine! Komm
doch zurück!« – Der Alte wiegte sein Haupt hin und her,   10
sprechend, all das Geschrei helfe am Ende zu nichts; der Ritter wisse noch nicht, wie trotzig die Kleine sei. Dabei aber
konnte er es doch nicht unterlassen, öfters mit in die finstre
Nacht hinauszurufen: »Undine! Ach liebe Undine! Ich bitte
dich, komme doch nur dies Eine Mal zurück.«   15

zugeben
erlauben

endlich am
Ende, zuletzt

Es ging indessen, wie es der Fischer gesagt hatte. Keine
Undine ließ sich hören oder sehn, und weil der Alte durchaus nicht zugeben wollte, dass Huldbrand der Entflohenen
nachspürte, mussten sie endlich beide wieder in die Hütte
gehen. Hier fanden sie das Feuer des Herdes beinahe erlo-   20
schen, und die Hausfrau, die sich Undinens Flucht und Gefahr bei Weitem nicht so zu Herzen nahm, als ihr Mann, bereits zur Ruhe gegangen. Der Alte hauchte die Kohlen wieder an, legte trocknes Holz darauf, und suchte bei der wieder

Schilfmatten
aus Schilfrohr
(Schilfgras) bzw.
Binse geflochte-
nen Schlaf-
unterlagen

ledigen (nun-
mehr) unbe-
setzten, freien

wackern mun-
teren, lebhaf-
ten, starken,
gesunden

auflodernden Flamme einen Krug mit Wein hervor, den er   25
zwischen sich und seinen Gast stellte. – »Euch ist auch angst
wegen des dummen Mädchens, Herr Ritter«, sagte er, »und
wir wollen lieber einen Teil der Nacht verplaudern und ver-
trinken, als uns auf den Schilfmatten vergebens nach dem
Schlafe herumwälzen. Nicht wahr?« – Huldbrand war gerne   30
damit zufrieden, der Fischer nötigte ihn auf den ledigen Ehrenplatz der schlafen gegangnen Hausfrau, und beide tran-
ken und sprachen miteinander, wie es zwei wackern und zu-

traulichen Männern geziemt. Freilich, sooft sich vor den Fenstern das Geringste regte, oder auch bisweilen, wenn sich gar nichts regte, sah eines von beiden in die Höhe, sprechend: »Sie kommt.« – Dann wurden sie ein paar Augenblicke stille, und fuhren nachher, da nichts erschien, kopfschüttelnd und seufzend in ihren Reden fort.

Weil aber nun beide an fast gar nichts andres zu denken vermochten als an Undinen, so wussten sie auch nichts Bessres, als, der Ritter, zu hören, welchergestalt Undine zu dem alten Fischer gekommen sei, der alte Fischer, ebendiese Geschichte zu erzählen. Deshalben hub er folgendermaßen an:

»Es sind nun wohl funfzehn Jahre vergangen, da zog ich einmal durch den wüsten Wald mit meiner Ware nach der Stadt. Meine Frau war daheim geblieben, wie gewöhnlich; und solches zu der Zeit auch noch um einer gar hübschen Ursache willen, denn Gott hatte uns, in unserm damals schon ziemlich hohen Alter, ein wunderschönes Kindlein beschert. Es war ein Mägdlein, und die Rede ging bereits unter uns, ob wir nicht, dem neuen Ankömmlinge zu Frommen, unsre schöne Landzunge verlassen wollten, um die liebe Himmelsgabe künftig an bewohnbaren Orten besser aufzuziehen. Es ist freilich bei armen Leuten nicht so damit, wie Ihr es meinen mögt, Herr Ritter; aber, lieber Gott! jedermann muss doch einmal tun, was er vermag. – Nun, mir ging unterwegs die Geschichte ziemlich im Kopfe herum. Diese Landzunge war mir so im Herzen lieb, und ich fuhr ordentlich zusammen, wenn ich unter dem Lärm und Gezänke in der Stadt bei mir selbsten denken musste: in solcher Wirtschaft nimmst auch du nun mit Nächstem deinen Wohnsitz, oder doch in einer nicht viel stillern! – Dabei aber hab ich nicht gegen unsern lieben Herrngott gemurret, vielmehr ihm im Stillen für das Neugeborne gedankt; ich müsste auch lügen, wenn ich sagen wollte, mir wäre auf dem Hin- oder

zutraulichen Zutrauen zueinander fassenden

es … geziemt angemessen ist, sich für sie gebührt

welchergestalt wie, auf welche Weise

Deshalben hub er … an Daher begann er …

Mägdlein → Seite 107

die Rede ging bereits unter uns wir dachten bereits darüber nach

zu Frommen zum Nutzen, zuliebe

Rückwege durch den Wald irgendetwas Bedenklicheres auf-
gestoßen als sonst, wie ich denn nie etwas Unheimliches
dorten gesehn habe. Der Herr war immer mit mir in den ver-
wunderlichen Schatten.«

Da zog er sein Mützchen von dem kahlen Schädel, und 5
blieb eine Zeitlang in betenden Gedanken sitzen. Dann be-
deckte er sich wieder, und sprach fort:

»Diesseits des Waldes, ach diesseits, da zog mir das Elend
entgegen. Meine Frau kam gegangen mit strömenden Augen
wie zwei Bäche; sie hatte Trauerkleider angelegt. – ›O lieber 10
Gott‹, ächzte ich, ›wo ist unser liebes Kind? Sag an!‹ – ›Bei
dem, den du rufest, lieber Mann‹, entgegnete sie, und wir
gingen nun stillweinend miteinander in die Hütte. Ich suchte
nach der kleinen Leiche; da erfuhr ich erst, wie alles gekommen war. Am Seeufer hatte meine Frau mit dem Kinde ge- 15
sessen, und wie sie so recht sorglos und selig mit ihm spielt,

bückt sich die Kleine auf einmal vor, als sähe sie etwas ganz
Wunderschönes im Wasser; meine Frau sieht sie noch lachen, den lieben Engel, und mit den Händchen greifen; aber
im Augenblick schießt sie ihr durch die rasche Bewegung 20
aus den Armen, und in den feuchten Spiegel hinunter. Ich
habe viel gesucht nach der kleinen Toten; es war zu nichts;
auch keine Spur von ihr war zu finden. –

Nun wir verwaisten Eltern saßen denn noch selbigen
Abends still beisammen in der Hütte, zu reden hatte keiner 25
Lust von uns, wenn man es auch gekonnt hätte vor Tränen.
Wir sahen so in das Feuer des Herdes hinein. Da raschelt
was draußen an der Tür; sie springt auf, und ein wunderschönes Mägdlein von etwa drei, vier Jahren, steht reich ge-
putzt auf der Schwelle, und lächelt uns an. Wir blieben ganz 30
stumm vor Erstaunen, und ich wusste erst nicht, war es ein
ordentlicher, kleiner Mensch, war es bloß ein gaukelhaftes
Bildnis. Da sah ich aber das Wasser von den goldnen Haaren

und den reichen Kleidern herabtröpfeln, und merkte nun wohl, das schöne Kindlein habe im Wasser gelegen, und Hülfe tue ihm not. – ›Frau‹, sagte ich, ›uns hat niemand unser liebes Kind erretten können; wir wollen doch wenigstens an andern Leuten tun, was uns selig auf Erden machen würde, vermochte es jemand an uns zu tun.‹ – Wir zogen die Kleine aus, brachten sie zu Bett und reichten ihr wärmende Getränke, wobei sie kein Wort sprach, und uns bloß aus den beiden seeblauen Augenhimmeln immerfort lächelnd anstarrte.

Des andern Morgens ließ sich wohl abnehmen, dass sie keinen weitern Schaden genommen hatte, und ich fragte nun nach ihren Eltern, und wie sie hierhergekommen sei. Das aber gab eine verworrne, wundersamliche, Geschichte. Von weit her muss sie wohl gebürtig sein, denn nicht nur, dass ich diese funfzehn Jahre her nichts von ihrer Herkunft erforschen konnte, so sprach und spricht sie auch bisweilen so absonderliche Dinge, dass unsereins nicht weiß, ob sie am Ende nicht gar vom Monde heruntergekommen sein könnte. Da ist die Rede von goldnen Schlössern, von kristallnen Dächern, und Gott weiß, wovon noch mehr. Was sie am deutlichsten erzählte, war, sie sei mit ihrer Mutter auf dem großen See spazieren gefahren, aus der Barke ins Wasser gefallen, und habe ihre Sinne erst hier unter den Bäumen wiedergefunden, wo ihr an dem lustigen Ufer recht behaglich zumute geworden sei.

Nun hatten wir noch eine große Bedenklichkeit und Sorge auf dem Herzen. Dass wir an der lieben Ertrunknen Stelle die Gefundne behalten und auferziehn wollten, war freilich sehr bald ausgemacht; aber wer konnte nun wissen, ob das Kind getauft sei, oder nicht? Sie selber wusste darüber keine Auskunft zu geben. Dass sie eine Kreatur sei, zu Gottes Preis und Freude geschaffen, wisse sie wohl, antwortete sie uns mehrenteils, und was zu Gottes Preis und Freude gereiche,

abnehmen schließen, erkennen, urteilen

wundersamliche wundersame, seltsame, rätselhafte, geheimnisvolle

der Barke dem Schiff

lustigen (bereits um 1800 veraltet für:) angenehmen, reizenden

auferziehn aufziehen

eine Kreatur ein lebendiges Geschöpf (vgl. S. 5, Z. 22)

zu Gottes Preis und Freude geschaffen dazu da, Gott zu erfreuen und seine Güte zu erweisen

seie Neben-
form von ›sei‹

seie sie auch bereit, mit sich vornehmen zu lassen. Meine
Frau und ich dachten so: ist sie nicht getauft, so gibt's da
nichts zu zögern; ist sie es aber doch, so kann bei guten Dingen zu wenig eher schaden, als zu viel. Und demzufolge san-
nen wir auf einen guten Namen für das Kind, das wir ohne- 5
hin noch nicht ordentlich zu rufen wussten. Wir meinten
endlich, Dorothea werde sich am besten für sie schicken,
weil ich einmal gehört hatte, das heiße Gottesgabe, und sie
uns doch von Gott als eine Gabe zugesandt war, als ein Trost
in unserm Elend. Sie hingegen wollte nichts davon hören, 10
und meinte, Undine sei sie von ihren Eltern genannt worden,

ferner weiter-
hin, künftig

Undine wolle sie auch ferner heißen. Nun kam mir das wie
ein heidnischer Name vor, der in keinem Kalender stehe, und

Kalender
katholischer
Kalender, der
die Namenstage
der Heiligen ver-
zeichnet (nach
denen fromme
Christen ihre
Kinder benen-
nen sollten)

ich holte mir deshalben Rat bei einem Priester in der Stadt.
Der wollte auch nichts von dem Undinen-Namen hören, und 15
kam auf mein vieles Bitten mit mir durch den verwunderli-
chen Wald zu Vollziehung der Taufhandlung hier herein in
meine Hütte. Die Kleine stand so hübsch geschmückt und
holdselig vor uns, dass dem Priester alsbald sein ganzes Herz
vor ihr aufging, und sie wusste ihm so artig zu schmeicheln, 20

deshalben
deswegen, in
dieser Sache

und mitunter so drollig zu trotzen, dass er sich endlich auf
keinen der Gründe, die er gegen den Namen Undine vorrätig
gehabt hatte, mehr besinnen konnte. Sie ward denn also Un-

so artig zu
schmeicheln
auf so liebens-
würdige Weise
angenehme
Empfindungen
zu erwecken

dine getauft, und betrug sich während der heiligen Handlung
außerordentlich sittig und anmutig, so wild und unstet sie 25
auch übrigens immer war. Denn darin hat meine Frau ganz
recht: was Tüchtiges haben wir mit ihr auszustehen gehabt.

auch übrigens
sonst auch

Wenn ich Euch erzählen sollte« –
  Der Ritter unterbrach den Fischer, um ihn auf ein Geräusch, wie von gewaltig rauschenden Wasserfluten, auf- 30
merksam zu machen, das er schon früher zwischen den Reden des Alten vernommen hatte, und das nun mit wachsendem Ungestüm vor den Hüttenfenstern dahinströmte. Beide

sprangen nach der Tür. Da sahen sie draußen im jetzt aufge-
gangnen Mondenlicht den Bach, der aus dem Walde hervorrann, wild über seine Ufer hinausgerissen, und Steine und
Holzstämme in reißenden Wirbeln mit sich fortschleudern.
5 Der Sturm brach, wie von dem Getöse erweckt, aus den
mächtigen Gewölken, diese pfeilschnell über den Mond hin-
jagend, hervor, der See heulte unter des Windes schlagenden
Fittichen, die Bäume der Landzunge ächzten von Wurzel zu
Wipfel hinauf, und beugten sich wie schwindelnd über die
10 reißenden Gewässer: – »Undine! Um Gottes willen, Undine!«, riefen die zwei beängstigten Männer. – Keine Antwort
kam ihnen zurück, und achtlos nun jeglicher andern Erwägung rannten sie, suchend und rufend, einer hier-, der andre
dorthin, aus der Hütte fort.
15

Gewölken
Anballung
von Wolken

Fittichen
poetisch
für: Flügel

achtlos nun
jeglicher an-
dern Erwägung
kurzentschlos-
sen, ohne wei-
teres Nachden-
ken und Berat-
schlagen

Drittes Kapitel

Wie sie Undinen wiederfanden.

20

Dem Huldbrand ward es immer ängstlicher und verworrner
zu Sinn, je länger er unter den nächtlichen Schatten suchte, ohne zu finden. Der Gedanke, Undine sei nur eine bloße Walderscheinung gewesen, bekam aufs Neue Macht über
25 ihn, ja er hätte unter dem Geheul der Wellen und Stürme,
dem Krachen der Bäume, der gänzlichen Umgestaltung der
kaum noch so still anmutigen Gegend, die ganze Landzunge
samt der Hütte und ihren Bewohnern fast für eine trügrisch
neckende Bildung gehalten; aber von fern hörte er doch im-
30 mer noch des Fischers ängstliches Rufen nach Undinen, der
alten Hausfrau lautes Beten und Singen durch das Gebraus.
Da kam er endlich dicht an des übergetretnen Baches Rand,
und sah im Mondenlicht, wie dieser seinen ungezähmten

kaum eben,
gerade

Bildung
Abbildung,
Nachahmung

Lauf grade vor den unheimlichen Wald hin, genommen hatte, so dass er nun die Erdspitze zur Insel machte. – O lieber Gott, dachte er bei sich selbst, wenn es Undine gewagt hätte, ein paar Schritte in den fürchterlichen Forst hinein zu tun; vielleicht eben in ihrem anmutigen Eigensinn, weil ich ihr nichts davon erzählen sollte, – und nun wäre der Strom dazwischen gerollt, und sie weinte nun einsam drüben bei den Gespenstern! – Ein Schrei des Entsetzens entfuhr ihm, und er klomm einige Steine und umgestürzte Fichtenstämme hinab, um in den reißenden Strom zu treten, und, watend oder schwimmend, die Verirrte drüben zu suchen. Es fiel ihm zwar alles Grausenvolle und Wunderliche ein, was ihm schon bei Tage unter den jetzt rauschenden und heulenden Zweigen begegnet war. Vorzüglich kam es ihm vor, als stehe ein langer weißer Mann, den er nur allzu gut kannte, grinsend und nickend am jenseitigen Ufer: Aber eben diese ungeheuern Bilder rissen ihn gewaltig nach sich hin, weil er bedachte, dass Undine in Todesängsten unter ihnen sei, und allein.

Schon hatte er einen starken Fichtenast ergriffen, und stand, auf diesen gestützt, in den wirbelnden Fluten, gegen die er sich kaum aufrecht zu halten vermochte; aber er schritt getrosten Mutes tiefer hinein. Da rief es neben ihm mit anmutiger Stimme: »Trau nicht, trau nicht! Er ist tückisch, der Alte, der Strom!« – Er kannte diese lieblichen Laute, er stand wie betört unter den Schatten, die sich eben dunkel über den Mond gelegt hatten, und ihn schwindelte vor dem Gerolle der Wogen, die er pfeilschnell an seinen Schenkeln hinschießen sah. Dennoch wollte er nicht ablassen. – »Bist du nicht wirklich da, gaukelst du nur neblicht um mich her, so mag auch ich nicht leben, und will ein Schatten werden, wie du, du liebe, liebe Undine!« Dies rief er laut, und schritt wieder tiefer in den Strom. – »Sieh dich doch um, ei sieh dich doch um, du schöner, betörter Jüngling!«, so rief es

Grausenvolle → Seite 108

Vorzüglich Vornehmlich, besonders, mehr als alles andere

grinzend vgl. hereingrinzen (S. 10)

nach zu

neblicht alte Nebenform von ›neblig‹

abermals dicht bei ihm, und seitwärts blickend sah er im eben sich wieder enthüllenden Mondlicht, unter den Zweigen hochverschlungner Bäume, auf einer durch die Überschwemmung gebildeten kleinen Insel Undinen lächelnd und lieblich in die blühenden Gräser hingeschmiegt.

O wie viel freudiger brauchte nun der junge Mann seinen Fichtenast zum Stabe, als vorhin! Mit wenigen Schritten war er durch die Flut, die zwischen ihm und dem Mägdlein hinstürmte, und neben ihr stand er auf der kleinen Rasenstelle, heimlich und sehr von den uralten Bäumen überrauscht und beschirmt. Undine hatte sich etwas emporgerichtet, und schlang nun in dem grünen Laubgezelte ihre Arme um seinen Nacken, so dass sie ihn auf ihren weichen Sitz neben sich niederzog. – »Hier sollst du mir erzählen, hübscher Freund«, sagte sie leise flüsternd; »hier hören uns die grämlichen Alten nicht. Und so viel als ihre ärmliche Hütte, ist doch hier unser Blätterdach wohl noch immer wert.« – »Es ist der Himmel!«, sagte Huldbrand und umschlang, inbrünstig küssend, die schmeichelnde Schöne.

Da war unterdessen der alte Fischer an das Ufer des Stromes gekommen, und rief zu den beiden jungen Leuten herüber: »Ei, Herr Ritter, ich habe Euch aufgenommen, wie es ein biederherziger Mann dem andern zu tun pflegt, und nun kost Ihr mit meinem Pflegekinde so heimlich, und lasst mich noch obenein in der Angst nach ihr durch die Nacht umherlaufen.« – »Ich habe sie selbst erst eben jetzt gefunden, alter Vater«, rief ihm der Ritter zurück. »Desto besser«, sagte der Fischer; »aber nun bringt sie mir auch ohne Verzögern an das feste Land herüber.« Davon aber wollte Undine wieder gar nichts hören. Sie meinte, eher wolle sie mit dem schönen Fremden in den wilden Forst vollends hinein, als wieder in die Hütte zurück, wo man ihr nicht ihren Willen tue, und aus welcher der hübsche Ritter doch über kurz oder lang schei-

brauchte
benutzte

Stabe Wanderstabe

heimlich heimelig, geborgen

Laubgezelte poetisch für ›Blätterdach‹

inbrünstig »mit Inbrunst; von einem leidenschaftlichen Gefühl, Verlangen erfüllt« (Duden Wörterbuch)

biederherziger redlicher, rechtschaffener

den werde. Mit unsäglicher Anmut sang sie, Huldbranden umschlingend:

>>Aus dunst'gem Tal die Welle
Sie rann und sucht' ihr Glück.
Sie kam ins Meer zur Stelle,
Und rinnt nicht mehr zurück.<<

in über (vor Rührung, während sie sang)

Der alte Fischer weinte bitterlich in ihr Lied, aber es schien sie nicht sonderlich zu rühren. Sie küsste und streichelte ihren Liebling, der endlich zu ihr sagte: >>Undine, wenn dir des alten Mannes Jammer das Herz nicht trifft, so trifft er's mir. Wir wollen zurück zu ihm.<< – Verwundert schlug sie die großen blauen Augen gegen ihn auf und sprach endlich langsam und zögernd: >>Wenn du es so meinst, – gut; mir ist alles recht, was du meinst. Aber versprechen muss mir erst der alte Mann da drüben, dass er dich ohne Widerrede will erzählen lassen, was du im Walde gesehn hast, und – nun das andre findet sich wohl.<< – >>Komm nur, komm!<<, rief der Fischer ihr zu, ohne mehr Worte herausbringen zu können. Zugleich streckte er seine Arme weit über die Flut ihr entgegen, und nickte mit dem Kopfe, um ihr die Erfüllung ihrer Fordrung zuzusagen, wobei ihm die weißen Haare seltsam über das Gesicht herüberfielen und Huldbrand an den nickenden weißen Mann im Forste denken musste. Ohne sich aber durch irgendetwas irremachen zu lassen, fasste der junge Rittersmann das schöne Mädchen in seine Arme, und trug sie über den kleinen Raum, welchen der Strom zwischen ihrem Inselchen und dem festen Ufer durchbrauste. Der Alte fiel um Undinens Hals, und konnte sich gar nicht satt freuen und küssen; auch die alte Frau kam herbei, und schmeichelte der Wiedergefundenen auf das Herzlichste. Von Vorwürfen war gar nicht die Rede mehr, umso minder, da auch Undine, ihres Trotzes vergessend, die beiden Pflegeeltern mit anmutigen Worten und Liebkosungen fast überschüttete.

gegen ihn zu ihm

schmeichelte redete gut zu (vgl. Seite 16) oder: liebkoste

Als man endlich nach der Freude des Wiederhabens sich recht besann, blickte schon das Morgenrot leuchtend über den Landsee herein, der Sturm war stille geworden, die Vöglein sangen lustig auf den genässten Zweigen. Weil nun Undine auf die Erzählung der verheißnen Geschichte des Ritters bestand, fügten sich die beiden Alten lächelnd und willig in ihr Begehr. Man brachte ein Frühstück unter die Bäume, welche hinter der Hütte gegen den See zu standen, und setzte sich, von Herzen vergnügt, dabei nieder, Undine, weil sie es durchaus nicht anders haben wollte, zu den Füßen des Ritters ins Gras. Hierauf begann Huldbrand folgendermaßen zu sprechen.

Viertes Kapitel

Von dem, was dem Ritter im Walde begegnet war.

»Es mögen nun etwan acht Tage her sein, da ritt ich in die freie Reichsstadt ein, welche dort jenseit des Forstes gelegen ist. Bald darauf gab es darin ein schönes Turnieren und Ringelrennen, und ich schonte meinen Gaul und meine Lanze nicht. Als ich nun einmal an den Schranken still halte, um von der lustigen Arbeit zu rasten, und den Helm an einen meiner Knappen zurückreiche, fällt mir ein wunderschönes Frauenbild in die Augen, das im allerherrlichsten Schmuck auf einem der Altane stand und zusah. Ich fragte meinen Nachbar, und erfuhr, die reizende Jungfrau heiße Bertalda, und sei die Pflegetochter eines der mächtigen Herzoge, die in dieser Gegend wohnen. Ich merkte, dass sie auch mich ansah, und wie es nun bei uns jungen Rittern zu kommen pflegt: Hatte ich erst brav geritten, so ging es nun noch ganz anders los. Den Abend beim Tanze

etwan alte Nebenform von ›etwa‹

freie Reichsstadt → Seite 108

jenseit um 1800 gängige Variante von ›jenseits‹

Turnieren → Seite 108

Ringelrennen → Seite 108

Schranken → Seite 108

Knappen → Seite 108

Altane → Seite 109

Hatte ich erst brav War ich zunächst gut, ordentlich

war ich Bertaldas Gefährt, und das blieb so alle Tage des Festes hindurch.«

Ein empfindlicher Schmerz an seiner linken herunterhängenden Hand unterbrach hier Huldbrands Rede, und zog seine Blicke nach der schmerzenden Stelle. Undine hatte ihre Perlenzähne scharf in seine Finger gesetzt, und sah dabei recht finster und unwillig aus. Plötzlich aber schaute sie ihm freundlich wehmütig in die Augen, und flüsterte ganz leise: »Ihr macht es auch darnach.« – Dann verhüllte sie ihr Gesicht, und der Ritter fuhr seltsam verwirrt und nachdenklich in seiner Geschichte fort:

»Es ist eine hochmütige, wunderliche Maid, diese Bertalda. Sie gefiel mir auch am zweiten Tage schon lange nicht mehr wie am ersten, und am dritten noch minder. Aber ich blieb um sie, weil sie freundlicher gegen mich war, als gegen andre Ritter, und so kam es auch, dass ich sie im Scherz um einen ihrer Handschuhe bat. – ›Wenn Ihr mir Nachricht bringt, und Ihr ganz allein‹, sagte sie, ›wie es im berüchtigten Forste aussieht.‹ – Mir lag eben nicht so viel an ihren Handschuhen, aber gesprochen war gesprochen, und ein ehrliebender Rittersmann lässt sich zu solchem Probestücke nicht zweimal mahnen.«

»Ich denke, sie hatte Euch lieb«, unterbrach ihn Undine.

»Es sah so aus«, entgegnete Huldbrand.

»Nun«, rief das Mädchen lachend, »die muss recht dumm sein. Von sich zu jagen, was einem lieb ist! Und vollends in einen verrufnen Wald hinein. Da hätte der Wald und sein Geheimnis lange für mich warten können.«

»Ich machte mich denn gestern Morgen auf den Weg«, fuhr der Ritter, Undinen freundlich anlächelnd, fort. »Die Baumstämme blitzten so rot und schlank im Morgenlichte, das sich hell auf dem grünen Rasen hinstreckte, die Blätter flüsterten so lustig miteinander, dass ich in meinem Herzen

Ihr macht es auch darnach.
→ Seite 109

Maid poetisch für ›Mädchen‹

über die Leute lachen musste, die an diesem vergnüglichen Orte irgendetwas Unheimliches erwarten konnten. ›Der Wald soll bald durchtrabt sein, hin und zurück!‹, sagte ich in behaglicher Fröhlichkeit zu mir selbst, und eh ich noch daran dachte, war ich tief in die grünenden Schatten hinein, und nahm nichts mehr von der hinter mir liegenden Ebne wahr. Da fiel es mir erst aufs Herz, dass ich mich auch in dem gewaltigen Forste gar leichtlich verirren könne, und dass dieses vielleicht die einzige Gefahr sei, welche den Wandersmann allhier bedrohe. Ich hielt daher stille, und sah mich nach dem Stande der Sonne um, die unterdessen etwas höher gerückt war. Indem ich nun so emporblicke, sehe ich ein schwarzes Ding in den Zweigen einer hohen Eiche. Ich denke schon, es ist ein Bär, und fasse nach meiner Klinge; da sagt es mit einer Menschenstimme, aber recht rau und hässlich, herunter: ›Wenn ich hier oben nicht die Zweige abknusperte, woran solltest du denn heut um Mitternacht gebraten werden, Herr Naseweis?‹ – Und dabei grinzt es, und raschelt mit den Ästen, dass mein Gaul toll wird, und mit mir durchgeht, eh ich noch Zeit gewinnen konnte, zu sehn, was es denn eigentlich für eine Teufelsbestie war.«

»Den müsst Ihr nicht nennen«, sagte der alte Fischer, und kreuzte sich; die Hausfrau tat schweigend desgleichen; Undine sah ihren Liebling mit hellen Augen an, sprechend: »Das Beste bei der Geschichte ist, dass sie ihn doch nicht wirklich gebraten haben. Weiter, du hübscher Jüngling.«

Der Ritter fuhr in seiner Erzählung fort: »Ich wäre mit meinem scheuen Pferde fast gegen Baumstämme und Äste angerannt; es triefte von Angst und Erhitzung, und wollte sich doch noch immer nicht halten lassen. Zuletzt ging es grade auf einen steinigen Abgrund los; da kam mir's plötzlich vor, als werfe sich ein langer weißer Mann dem tollen Hengste quer vor in seinen Weg; der entsetzte sich davor,

---

durchtrabt zu Pferde durchquert

fiel es mir erst aufs Herz begann ich mich erst zu sorgen

leichtlich alte Nebenform von ›leicht‹

abknusperte Im »Deutschen Wörterbuch« von Jacob und Wilhelm Grimm ist das Verb erwähnt und wird dort auf Ziegen bezogen, die Knospen kauen.

toll verrückt, rasend, wütend

kreuzte bekreuzte

und stand; ich kriegte ihn wieder in meine Gewalt, und sah nun erst, dass mein Retter kein weißer Mann war, sondern ein silberheller Bach, der sich neben mir von einem Hügel herunterstürzte, meines Rosses Lauf ungestüm kreuzend und hemmend.« 5

»Danke, lieber Bach!«, rief Undine, in die Händchen klopfend. Der alte Mann aber sah kopfschüttelnd in tiefem Sinnen vor sich nieder.

»Ich hatte mich noch kaum im Sattel wieder zurechtgesetzt, und die Zügel wieder ordentlich recht gefasst«, fuhr 10 Huldbrand fort, »so stand auch schon ein wunderliches Männlein zu meiner Seiten, winzig und hässlich über alle Maßen, ganz braungelb, und mit einer Nase, die nicht viel kleiner war, als der ganze übrige Bursche selbst. Dabei grinzte er mit einer recht dummen Höflichkeit aus dem breitge- 15 schlitzten Maule hervor, und machte viele tausend Scharrfüße und Bücklinge gegen mich. Weil mir nun das Possenspiel sehr misshagte, dankte ich ihm ganz kurz, warf meinen noch immer zitternden Gaul herum, und gedachte, mir ein andres Abenteuer, oder, dafern ich keines fände, den Heimweg zu 20 suchen, denn die Sonne war während meiner tollen Jagd schon über die Mittagshöhe gen Westen gegangen. Da sprang aber der kleine Kerl mit einer blitzschnellen Wendung herum, und stand abermals vor meinem Hengste. – ›Platz da!‹, sagt' ich verdrießlich; ›das Tier ist wild, und rennet dich 25 leichtlich um.‹ – ›Ei‹, schnarrte das Kerlchen, und lachte noch viel entsetzlich dummer; ›schenkt mir doch erst ein Trinkgeld, denn ich hab ja Euer Rösselein aufgefangen; lägt Ihr doch ohne mich samt Euerm Rösselein in der Steinkluft da unten; hu!‹ – ›Schneide nur keine Gesichter weiter‹, sagte 30 ich, ›und nimm dein Geld hin, wenn du auch lügst; denn siehe, der gute Bach dorten hat mich gerettet, nicht aber du, höchst ärmlicher Wicht.‹ – Und zugleich ließ ich ein Gold-

in tiefem Sinnen ganz in seine Gedanken verloren

Scharrfüße Kratzfüße, Verbeugungen

Bücklinge → Seite 109

misshagte missbehagte, eine unangenehme Empfindung bereitete

dafern sofern

gen nach

stück in seine wunderliche Mütze fallen, die er bettelnd vor
mir abgezogen hatte. Dann trabte ich weiter; er aber schrie
hinter mir drein, und war plötzlich mit unbegreiflicher
Schnelligkeit neben mir. Ich sprengte mein Ross im Galopp
5 an; er galoppierte mit, so sauer es ihm zu werden schien, und
so wunderliche, halb lächerliche, halb grässliche, Verrenkun-
gen er dabei mit seinem Leibe vornahm, wobei er immerfort
das Goldstück in die Höhe hielt, und bei jedem Galoppsprun-
ge schrie: ›Falsch Geld! Falsche Münz'! Falsche Münz'! Falsch
10 Geld!‹ Und das krächzte er aus so hohler Brust heraus, dass
man meinte, er müsse nach jeglichem Schreie tot zu Boden
stürzen. Auch hing ihm die hässlich rote Zunge weit aus dem
Schlunde. Ich hielt verstört; ich fragte: ›Was willst du mit deinem Geschrei? Nimm noch ein Goldstück, nimm noch zwei,
15 aber dann lass ab von mir.‹ – Da fing er wieder mit seinem
hässlich höflichen Grüßen an, und schnarrte: ›Gold eben
nicht, Gold soll es eben nicht sein, mein jung Herrlein; des
Spaßes hab ich selbsten allzu viel; will's Euch mal zeigen.‹

Da ward es mir auf einmal, als könn' ich durch den grünen
20 festen Boden durchsehn, als sei er grünes Glas, und die ebne
Erde kugelrund, und drinnen hielten eine Menge Kobolde
ihr Spiel mit Silber und Gold. Kopfauf, kopfunter, kugelten
sie sich herum, und schmissen einander zum Spaß mit den
edlen Metallen, und pusteten sich den Goldstaub neckend
25 ins Gesicht. Mein hässlicher Gefährte stand halb drinnen,
halb draußen; er ließ sich sehr, sehr viel Gold von den andern heraufreichen, und zeigte es mir lachend, und schmiss
es dann immer wieder klingend in die unermesslichen Klüf-
te hinab. Dann zeigte er wieder mein Goldstück, was ich ihm
30 geschenkt hatte, den Kobolden drunten, und die wollten sich
drüber halb totlachen, und zischten mich aus. Endlich reck-
ten sie alle die spitzigen, metallschmutzigen, Finger gegen
mich aus, und wilder und wilder, und dichter und dichter,

sauer ... werden
schwer ... fallen

eben
nun eben,
nun gerade

Kobolde
zwergenhafte
Elementar-
wesen, die
den Menschen
gerne Streiche
(zuweilen auch
boshafte und
tückische)
spielen

und toller und toller, klomm das Gewimmel gegen mich herauf; – da erfasste mich ein Entsetzen, wie vorhin meinen Gaul. Ich gab ihm beide Sporen, und weiß nicht, wie weit ich zum zweiten Male toll in den Wald hineingejagt bin.

Als ich nun endlich wieder still hielt, war es abendkühl um mich her. Durch die Zweige sah ich einen weißen Fußpfad leuchten, von dem ich meinte, er müsse aus dem Forste nach der Stadt zurückführen. Ich wollte mich dahin durcharbeiten; aber ein ganz weißes, undeutliches Antlitz, mit immer wechselnden Zügen, sah mir zwischen den Blättern entgegen; ich wollte ihm ausweichen, aber wo ich hinkam, war es auch. Ergrimmt gedacht' ich endlich mein Ross darauf los zu treiben; da sprudelte es mir und dem Pferde weißen Schaum entgegen, dass wir beide geblendet umwenden mussten. So trieb es uns von Schritt zu Schritt, immer von dem Fußsteige abwärts, und ließ uns überhaupt nur nach einer einzigen Richtung hin den Weg noch frei. Zogen wir aber auf dieser fort, so war es wohl dicht hinter uns, tat uns jedoch nicht das Geringste zuleide. Wenn ich mich dann bisweilen nach ihm umsah, merkte ich wohl, dass das weiße, sprudelnde Antlitz auf einem ebenso weißen, höchst riesenmäßigen, Körper saß. Manchmal dacht' ich auch, als sei es ein wandelnder Springbronn, aber ich konnte niemals recht darüber zur Gewissheit kommen. Ermüdet gaben Ross und Reiter dem treibenden, weißen Manne nach, der uns immer mit dem Kopfe zunickte, als wolle er sagen: ›schon recht! schon recht!‹ – Und so sind wir endlich an das Ende des Waldes hier herausgekommen, wo ich Rasen und Seeflut und eure kleine Hütte sah, und wo der lange, weiße Mann verschwand.«

»Gut, dass er fort ist«, sagte der alte Fischer, und nun begann er davon zu sprechen, wie sein Gast auf die beste Weise wieder zu seinen Leuten nach der Stadt zurückgelangen könne. Darüber fing Undine an, ganz leise in sich selbst hin-

Antlitz Gesicht, Miene

Springbronn altertümlich und poetisch für ›Springbrunnen‹

ein zu kichern. Huldbrand merkte es, und sagte: »Ich dachte, du sähest mich gern hier; was freust du dich denn nun, da von meiner Abreise die Rede ist?«

»Weil du nicht fort kannst«, entgegnete Undine. »Prob es doch mal, durch den übergetretnen Waldstrom zu setzen, mit Kahn, mit Ross oder allein; wie du Lust hast. Oder prob es lieber nicht, denn du würdest zerschellt werden, von den blitzschnell getriebnen Stämmen und Steinen. Und was den See angeht, da weiß ich wohl: der Vater darf mit seinem Kahne nicht weit genug darauf hinaus.«

Prob
Probier

Huldbrand erhob sich lächelnd, um zu sehn, ob es so sei, wie ihm Undine gesagt hatte, der Alte begleitete ihn, und das Mädchen gaukelte scherzend neben den Männern her. Sie fanden es in der Tat, wie sie gesagt hatte, und der Ritter musste sich drein ergeben, auf der zur Insel gewordnen Landspitze zu bleiben, bis die Fluten sich verliefen. Als die dreie nach ihrer Wandrung wieder der Hütte zugingen, sagte der Ritter der Kleinen ins Ohr: »Nun, wie ist es, Undinchen? Bist du böse, dass ich bleibe?« – »Ach«, entgegnete sie mürrisch, »lasst nur. Wenn ich Euch nicht gebissen hätte, wer weiß, was noch alles von der Bertalda in Eurer Geschichte vorgekommen wär!«

Fünftes Kapitel

Wie der Ritter auf der Seespitze lebte.

Du bist vielleicht, mein lieber Leser, schon irgendwo, nach mannigfachem Auf- und Abtreiben in der Welt, an einen Ort gekommen, wo dir es wohl war; die jedwedem eingeborne Liebe zu eignem Herd und stillem Frieden ging wieder auf in dir; du meintest, die Heimat blühe mit allen Blumen der

mannigfachem
vielfachem,
buntem

eingeborne
angeborene

Kindheit und der allerreinsten, innigsten Liebe, wieder aus teuren Grabstätten hervor, und hier müsse gut wohnen und Hütten bauen sein. Ob du dich darin geirrt, und den Irrtum nachher schmerzlich abgebüßt hast, das soll hier nichts zur Sache tun, und du wirst dich auch selbst wohl mit dem herben Nachschmack nicht freiwillig betrüben wollen. Aber rufe jene unaussprechlich süße Ahnung, jenen englischen Gruß des Friedens wieder in dir herauf, und du wirst ungefähr wissen können, wie dem Ritter Huldbrand während seines Lebens auf der Seespitze zu Sinne war.

Er sah oftmals mit innigem Wohlbehagen, wie der Waldstrom mit jedem Tage wilder einherrollte, wie er sich sein Bette breiter und breiter riss, und die Abgeschiedenheit auf der Insel so für immer längere Zeit ausdehnte. Einen Teil des Tages über strich er mit einer alten Armbrust, die er in einem Winkel der Hütte gefunden, und sich ausgebessert hatte, umher, nach den vorüberfliegenden Vögeln lauernd, und, was er von ihnen treffen konnte, als guten Braten in die Küche liefernd. Brachte er nun seine Beute zurück, so unterließ Undine fast niemals, ihn auszuschelten, dass er den lieben, lustigen Tierchen oben im blauen Luftmeer so feindlich ihr fröhliches Leben stehle; ja sie weinte oftmals bitterlich bei dem Anblicke des toten Geflügels. Kam er aber dann ein andermal wieder heim, und hatte nichts geschossen, so schalt sie ihn nicht minder ernstlich darüber aus, dass man nun um seines Ungeschicks und seiner Nachlässigkeit willen mit Fischen und Krebsen vorliebnehmen müsse. Er freute sich allemal herzinniglich auf ihr anmutiges Zürnen, umso mehr, da sie gewöhnlich nachher ihre üble Laune durch die holdesten Liebkosungen wieder gutzumachen suchte. Die Alten hatten sich in die Vertraulichkeit der beiden jungen Leute gefunden; sie kamen ihnen vor, wie Verlobte, oder gar wie ein Ehepaar, das ihnen zum Beistand im Alter mit auf der abgerisse-

Nachschmack
Nachgeschmack

englischen Gruß
→ Seite 109

auszuschelten
auszuschimpfen

um … willen
wegen …

allemal
herzinniglich
jedes Mal
von Herzen

*in die … gefun-
den* an die …
gewöhnt (damit
abgefunden)

nen Insel wohne. Eben diese Abgeschiedenheit brachte auch den jungen Huldbrand ganz fest auf den Gedanken, er sei bereits Undines Bräutigam. Ihm war zumute, als gäbe es keine Welt mehr jenseits dieser umgebenden Fluten, oder als

5 könne man doch nie wieder da hinüber zur Vereinigung mit andern Menschen gelangen; und wenn ihn auch bisweilen sein weidendes Ross anwieherte, wie nach Rittertaten fragend, und mahnend, oder sein Wappenschild ihm von der Stickerei des Sattels und der Pferdedecke ernst entgegen-

10 leuchtete, oder sein schönes Schwert unversehens vom Nagel, an welchem es in der Hütte hing, herabfiel, im Sturze aus der Scheide gleitend, – so beruhigte er sein zweifelndes Gemüt damit: Undine sei gar keine Fischers-Tochter, sei vielmehr, aller Wahrscheinlichkeit nach, aus einem wundersa-

15 men, hochfürstlichen Hause der Fremde, gebürtig. Nur das war ihm in der Seele zuwider, wenn die alte Frau Undinen in seiner Gegenwart schalt. Das launische Mädchen lachte zwar meist, ohne alles Hehl, ganz ausgelassen darüber; aber ihm war es, als taste man seine Ehre an, und doch wusste er

20 der alten Fischerin nicht Unrecht zu geben, denn Undine verdiente immer zum wenigsten zehnfach so viele Schelte, als sie bekam; daher er denn auch der Hauswirtin im Herzen gewogen blieb, und das ganze Leben seinen stillen, vergnüglichen Gang fürder ging.

25 Es kam aber doch endlich eine Störung hinein; der Fischer und der Ritter waren nämlich gewohnt gewesen, beim Mittagsmahle, und auch des Abends, wenn der Wind draußen heulte, wie er es fast immer gegen die Nacht zu tun pflegte, sich miteinander bei einem Kruge Wein zu ergötzen. Nun

30 war aber der ganze Vorrat zu Ende gegangen, den der Fischer früher von der Stadt nach und nach mitgebracht hatte, und die beiden Männer wurden darüber ganz verdrießlich. Undine lachte sie den Tag über wacker aus, ohne dass beide

Wappenschild schildförmiger, zentraler Teil eines Wappens, des Hoheitszeichens einer adligen Person oder Familie

ohne alles Hehl in aller Offenheit

fürder weiter, weiterhin

gegen die bei Anbruch der

ergötzen (siehe Seite 9)

wacker munter, lebhaft (siehe auch Seite 12)

so lustig, wie gewöhnlich, in ihre Scherze einstimmten. Gegen Abend war sie aus der Hütte gegangen: sie sagte, um den zwei langen und langweiligen Gesichtern zu entgehn. Weil es nun in der Dämmerung wieder nach Sturm aussah, und das Wasser bereits heulte und rauschte, sprangen der Ritter und der Fischer erschreckt vor die Tür, um das Mädchen heimzuholen, der Angst jener Nacht gedenkend, wo Huldbrand zum ersten Mal in der Hütte gewesen war. Undine aber trat ihnen entgegen, freundlich in ihre Händchen klopfend. »Was gebt ihr mir, wenn ich euch Wein verschaffe? Oder vielmehr, ihr braucht mir nichts zu geben«, fuhr sie fort, »denn ich bin schon zufrieden, wenn ihr lustiger ausseht, und bessere Einfälle habt als diesen letzten, langweiligen Tag hindurch. Kommt nur mit; der Waldstrom hat ein Fass an das Ufer getrieben, und ich will verdammt sein, eine ganze Woche lang zu schlafen, wenn es nicht ein Weinfass ist.« – Die Männer folgten ihr nach, und fanden wirklich an einer umbüschten Bucht des Ufers ein Fass, welches ihnen Hoffnung gab, als enthalte es den edlen Trank, wonach sie verlangten. Sie wälzten es vor allem aufs Schleunigste in die Hütte, denn ein schweres Wetter zog wieder am Abendhimmel herauf, und man konnte in der Dämmerung bemerken, wie die Wogen des Sees ihre weißen Häupter schäumend emporrichteten, als sähen sie sich nach dem Regen um, der nun bald auf sie herunterrauschen sollte. Undine half den beiden nach Kräften, und sagte, als das Regenwetter plötzlich allzu schnell heraufheulte, lustig drohend in die schweren Wolken hinein: »Du! du! Hüte dich, dass du uns nicht nass machst; wir sind noch lange nicht unter Dach.« – Der Alte verwies ihr solches als eine sündhafte Vermessenheit; aber sie kicherte leise vor sich hin, und es widerfuhr auch niemandem etwas Übles darum. Vielmehr gelangten alle drei, wider Vermuten, mit ihrer Beute trocken an den behag-

umbüschten von Büschen umgebenen

schweres Wetter Unwetter

lichen Herd, und erst, als man das Fass geöffnet, und erprobt hatte, dass es einen wundersam trefflichen Wein enthalte, riss sich der Regen aus dem dunkeln Gewölke los, und rauschte der Sturm durch die Wipfel der Bäume und über 5 des Sees empörte Wogen hin.

Einige Flaschen waren bald aus dem großen Fasse gefüllt, das für viele Tage Vorrat verhieß, man saß trinkend und scherzend, und heimisch gesichert vor dem tobenden Unwetter, an der Glut des Herdes beisammen. Da sagte der alte 10 Fischer, und ward plötzlich sehr ernst: »Ach großer Gott, wir freuen uns hier der edlen Gabe, und der, welchem sie zuerst angehörte, und vom Strome genommen ward, hat wohl gar das liebe Leben drum lassen müssen.« – »Er wird ja nicht grade!«, meinte Undine und schenkte dem Ritter lächelnd 15 ein. Der aber sagte: »Bei meiner höchsten Ehre, alter Vater, wüsst ich ihn zu finden, und zu retten, mich sollte kein Gang in die Nacht hinaus dauern, und keine Gefahr. Soviel aber kann ich Euch versichern, komm ich je wieder zu bewohntern Landen, so will ich ihn oder seine Erben schon ausfin-20 dig machen, und diesen Wein doppelt und dreifach ersetzen.« – Das freute den alten Mann; er nickte dem Ritter billigend zu, und trank nun seinen Becher mit besserm Gewissen und Behagen leer. Undine aber sagte zu Huldbranden: »Mit der Entschädigung und mit deinem Golde halt es, wie du 25 willst. Das aber mit dem Nachlaufen und Suchen war dumm geredet. Ich weinte mir die Augen aus, wenn du darüber verlorengingst, und nicht wahr, du möchtest auch lieber bei mir bleiben, und bei dem guten Wein?« – »Das freilich«, entgegnete Huldbrand lächelnd. »Nun«, sagte Undine; »also hast 30 du dumm gesprochen. Denn jeder ist sich doch selbst der Nächste und was gehen einen die andern Leute an.« – Die Hauswirtin wandte sich seufzend und kopfschüttelnd von ihr ab, der Fischer vergaß seiner sonstigen Vorliebe für das

Er wird ja nicht grade!
Das ja wohl hoffentlich nicht!

seiner sonstigen
seine sonstige (seinerzeit übliche Form: einer Sache vergessen)

zierliche Mägdlein und schalt. »Als ob dich Heiden und Türken erzogen hätten, klingt ja das«, schloss er seine Rede; »Gott verzeih es mir, und dir, du ungeratnes Kind.« – »Ja, aber mir ist doch nun einmal so zumute«, entgegnete Undine, »habe mich erzogen, wer da will, und was können da all eure Worte helfen.« – »Schweig!«, fuhr der Fischer sie an, und sie, die ungeachtet ihrer Keckheit doch äußerst schreckhaft war, fuhr zusammen, schmiegte sich zitternd an Huldbrand, und fragte ihn ganz leise: »Bist du auch böse, schöner Freund?« Der Ritter drückte ihr die zarte Hand, und streichelte ihre Locken. Sagen konnte er nichts, weil ihm der Ärger über des Alten Härte gegen Undinen die Lippen schloss, und so saßen beide Paare mit einem Male unwillig und im verlegnen Schweigen einander gegenüber.

Sechstes Kapitel

Von einer Trauung.

Ein leises Klopfen an die Tür klang durch diese Stille und erschreckte alle, die in der Hütte saßen, wie es denn wohl bisweilen zu kommen pflegt, dass auch eine Kleinigkeit, die ganz unvermutet geschieht, einem den Sinn recht furchtbarlich aufregen kann. Aber hier kam noch dazu, dass der verrufne Forst sehr nahe lag, und dass die Seespitze für menschliche Besuche jetzt unzugänglich schien. Man sah einander zweifelnd an, das Pochen wiederholte sich, von einem tiefen Ächzen begleitet; der Ritter ging nach seinem Schwerte. Da sagte aber der alte Mann leise: »Wenn es das ist, was ich fürchte, hilft uns keine Waffe.« – Undine näherte sich indessen der Tür, und rief ganz unwillig und keck: »Wenn ihr Unfug treiben wollt, ihr Erdgeister, so soll euch Kühleborn

furchtbarlich
furchtbar, furcht-
einflößend

verrufne
(siehe Seite 5)

was Bessres lehren.« – Das Entsetzen der andern ward durch diese wunderlichen Worte vermehrt, sie sahen das Mädchen scheu an, und Huldbrand wollte sich eben zu einer Frage an sie ermannen, da sagte es von draußen: »Ich bin kein Erd-
5 geist, wohl aber ein Geist, der noch im irdischen Körper hauset. Wollt ihr mir helfen, und fürchtet ihr Gott, ihr drinnen in der Hütte, so tut mir auf.« Undine hatte bei diesen Worten die Tür bereits geöffnet, und leuchtete mit einer Ampel in die stürmige Nacht hinaus, so dass man draußen einen
10 alten Priester wahrnahm, der vor dem unversehnen Anblicke des wunderschönen Mägdleins erschreckt zurücketrat. Er mochte wohl denken, es müsse Spuk und Zauberei mit im Spiele sein, wo ein so herrliches Bild aus einer so niedern Hüttenpforte erscheine; deshalb fing er an zu beten:
15 »Alle gute Geister loben Gott den Herrn!« – »Ich bin kein Gespenst«, sagte Undine lächelnd, »seh ich denn so hässlich aus? Zudem könnt Ihr ja wohl merken, dass mich kein frommer Spruch erschreckt. Ich weiß doch auch von Gott, und versteh ihn auch zu loben; jedweder auf seine Weise freilich,
20 und dazu hat er uns erschaffen. Tretet herein, ehrwürdiger Vater; Ihr kommt zu guten Leuten.«

Der Geistliche kam neigend und umblickend herein, und sahe gar lieb und ehrwürdig aus. Aber das Wasser troff aus allen Falten seines dunkeln Kleides, und aus dem langen wei-
25 ßen Bart und den weißen Locken des Haupthaares. Der Fischer und der Ritter führten ihn in eine Kammer, und gaben ihm andre Kleider, während sie den Weibern die Gewande des Priesters zum Trocknen in das Zimmer reichten. Der fremde Greis dankte aufs Demütigste und Freundlichste,
30 aber des Ritters glänzenden Mantel, den ihm dieser entgegenhielt, wollte er auf keine Weise umnehmen; er wählte stattdessen ein altes graues Oberkleid des Fischers. So kamen sie denn in das Gemach zurück, die Hausfrau räumte

tut mir auf öffnet mir, lasst mich hinein

Ampel
→ Seite 109

unversehen
plötzlichen, unerwarteten (siehe auch Seite 6 und Seite 29, Z. 10)

Gewande
Gewänder

Gemach
Zimmer

dem Priester alsbald ihren großen Sessel, und ruhte nicht
eher, bis er sich darauf niedergelassen hatte; »denn«, sagte
sie, »Ihr seid alt und erschöpft, und geistlich obendrein.« –
Undine schob den Füßen des Fremden ihr kleines Bänkchen
unter, worauf sie sonst neben Huldbranden zu sitzen pflegte, 5
und bewies sich überhaupt in der Pflege des guten Alten
höchst sittig und anmutig. Huldbrand flüsterte ihr darüber
eine Neckerei ins Ohr, sie aber entgegnete sehr ernst: »Er
dient ja dem, der uns alle geschaffen hat; damit ist nicht zu
spaßen.« – Der Ritter und der Fischer labten darauf den 10
Priester mit Speise und Wein, und dieser fing, nachdem er
sich etwas erholt hatte, zu erzählen an, wie er gestern aus
seinem Kloster, das fern über den großen Landsee hinaus liege, nach dem Sitze des Bischofs habe reisen sollen, um demselben die Not kundzutun, in welche durch die jetzigen wun- 15
derbaren Überschwemmungen das Kloster und dessen Zinsdörfer geraten seien. Da habe er nach langen Umwegen, um
ebendieser Überschwemmungen willen, sich heute gegen
Abend dennoch genötigt gesehn, einen übergetretnen Arm
des Sees, mit Hülfe zweier guten Fährleute, zu überschiffen. 20
– »Kaum aber«, fuhr er fort, »hatte unser kleines Fahrzeug
die Wellen berührt, so brach auch schon der ungeheure
Sturm los, der noch jetzt über unsern Häuptern fortwütet. Es
war, als hätten die Fluten nur auf uns gewartet, um die aller-
tollsten, strudelndsten, Tänze mit uns zu beginnen. Die Ru- 25
der waren bald aus meiner Führer Händen gerissen, und
trieben zerschmettert auf den Wogen weiter und weiter vor
uns hinaus. Wir selbst flogen hülflos und der tauben Natur-
kraft hingegeben, auf die Höhe des Sees, zu euern fernen
Ufern herüber, die wir schon zwischen den Nebeln und Was- 30
serschäumen emporstreben sahen. Da drehte sich endlich
der Nachen immer wilder und schwindliger; ich weiß nicht,
stürzte er um, stürzte ich heraus. Im dunkeln Ängstigen des

geistlich
ein Geistlicher
(dem man mit
Ehrerbietung
begegnen sollte)

labten erquick-
ten, stärkten,
versorgten

kundzutun
zu vermelden

Zinsdörfer
Dörfer, die zum
Grundbesitz
des Klosters
gehören und
deren Einwohner
dem Kloster für
die Nutzung des
Bodens einen
Zins zu entrich-
ten haben

strudelnsten
→ Seite 109

Nachen
Kahn

nahen, schrecklichen Todes trieb ich weiter, bis mich eine Welle hier unter die Bäume an eure Insel warf.«

»Ja, Insel!«, sagte der Fischer. »Vor Kurzem war's noch eine Landspitze. Nun aber, seit Waldstrom und See schier toll geworden sind, sieht es ganz anders mit uns aus.«

»Ich merkte so etwas«, sagte der Priester, »indem ich im Dunkeln das Wasser entlängst schlich, und, ringsum nur wildes Gebrause antreffend, endlich schaute, wie sich ein betretner Fußpfad gerade in das Getos hinein verlor. Nun sahe ich das Licht in eurer Hütte, und wagte mich hierher, wo ich denn meinem himmlischen Vater nicht genug danken kann, dass er mich nach meiner Rettung aus dem Gewässer auch noch zu so frommen Leuten geführt hat, als zu euch; und das umso mehr, da ich nicht wissen kann, ob ich außer euch vieren noch in diesem Leben andre Menschen wieder zu sehen bekomme.«

»Wie meint Ihr das?«, fragte der Fischer.

»Wisst ihr denn, wie lange dieses Treiben der Elemente währen soll?«, entgegnete der Geistliche. »Und ich bin alt an Jahren. Gar leichtlich mag mein Lebensstrom eher versiegend unter die Erde gehn, als die Überschwemmung des Waldstromes da draußen. Und überhaupt, es wäre ja nicht unmöglich, dass mehr und mehr des schäumenden Wassers sich zwischen euch und den jenseitigen Forst drängte, bis ihr so weit von der übrigen Erde abgerissen würdet, dass euer Fischerkähnlein nicht mehr hinüberreichte, und die Bewohner des festen Landes in ihren Zerstreuungen euer Alter gänzlich vergessen.«

Die alte Hausfrau fuhr hierüber zusammen, kreuzte sich, und sagte: »Das verhüte Gott!« – Aber der Fischer sahe sie lächelnd an, und sprach: »Wie doch auch nun der Mensch ist! Es wäre ja dann nicht anders, wenigstens nicht für dich, liebe Frau, als es nun ist. Bist du denn seit vielen Jahren wei-

entlängst
entlang

Getos
Getöse

kreuzte
bekreuzte
(siehe Seite 23)

ter gekommen, als an die Grenze des Forstes? Und hast du andre Menschen gesehn als Undinen und mich? – Seit Kurzem sind nun noch der Ritter und der Priester zu uns gekommen. Die blieben bei uns, wenn wir zur vergessenen Insel würden; also hättest du ja den besten Gewinn davon.«

»Ich weiß nicht«, sagte die alte Frau, »es wird einem doch unheimlich zumute, wenn man sich's nun so vorstellt, dass man unwiederbringlich von den andern Leuten geschieden wär, ob man sie übrigens auch weder kennt noch sieht.«

»Du bliebest dann bei uns, du bliebest dann bei uns!«, flüsterte Undine ganz leise, halb singend, und schmiegte sich inniger an Huldbrands Seite. Dieser aber war in tiefen und seltsamen Gebilden seines Innern verloren. Die Gegend jenseit des Waldwassers zog sich seit des Priesters letzten Worten immer ferner und dunkler von ihm ab, die blühende Insel, auf welcher er lebte, grünte und lachte immer frischer in sein Gemüt herein. Die Braut glühte als die schönste Rose dieses kleinen Erdstriches und auch der ganzen Welt hervor, der Priester war zur Stelle. Dazu kam noch eben, dass ein zürnender Blick der Hausfrau das schöne Mädchen traf, weil sie sich in Gegenwart des geistlichen Herren so dicht an ihren Liebling lehnte, und es schien, als wolle ein Strom von unerfreulichen Worten folgen. Da brach es aus des Ritters Munde, dass er, gegen den Priester gewandt, sagte: »Ihr seht hier ein Brautpaar vor Euch, ehrwürdiger Herr, und wenn dies Mädchen und die guten alten Fischersleute nichts dawider haben, sollt Ihr uns heute Abend noch zusammengeben.«

Die beiden alten Eheleute waren sehr verwundert. Sie hatten zwar bisher oft so etwas gedacht, aber ausgesprochen hatten sie es doch niemals, und wie nun der Ritter dies tat, kam es ihnen als etwas ganz Neues und Unerhörtes vor. Undine war plötzlich ernst geworden, und sah tiefsinnig vor sich nieder, während der Priester nach den nähern Umstän-

geschieden
getrennt

ob man sie übri-gens auch selbst wenn man sie

Gebilden hier: Ideenvor-stellungen

zog sich … von ihm ab rückte ihm …

dawider
dagegen

tiefsinnig
gedanken-verloren
(vgl. Seite 24)

den fragte, und sich bei den Alten nach ihrer Einwilligung erkundigte. Man kam nach mannigfachem Hin- und Herreden miteinander aufs Reine; die Hausfrau ging, um den jungen Leuten das Brautgemach zu ordnen, und zwei geweihte Kerzen, die sie seit langer Zeit verwahrt hielt, für die Trauungsfeierlichkeit hervorzusuchen. Der Ritter nestelte indes an seiner goldnen Kette, und wollte zwei Ringe losdrehen, um sie mit der Braut wechseln zu können. Diese aber fuhr, es bemerkend, aus ihrem tiefen Sinnen auf, und sprach: »Nicht also! Ganz bettelarm haben mich meine Eltern nicht in die Welt hineingeschickt; vielmehr haben sie gewisslich schon frühe darauf gerechnet, dass ein solcher Abend aufgehn solle.« – Damit war sie schnell aus der Tür, und kam gleich darauf mit zwei kostbaren Ringen zurück, deren einen sie ihrem Bräutigam gab, und den andern für sich behielt. Der alte Fischer war ganz erstaunt darüber, und noch mehr die Hausfrau, die eben wieder hereintrat, dass beide diese Kleinodien noch niemals bei dem Kinde gesehn hatten. – »Meine Eltern«, entgegnete Undine, »ließen mir diese Dingerchen in das schöne Kleid nähen, das ich grade anhatte, da ich zu euch kam. Sie verboten mir auch, auf irgendeine Weise jemandem davon zu sagen vor meinem Hochzeitabend. Da habe ich sie denn also stille herausgetrennt, und verborgen gehalten bis heute.« – Der Priester unterbrach das weitere Fragen und Verwundern, indem er die geweihten Kerzen anzündete, sie auf einen Tisch stellte, und das Brautpaar sich gegenübertreten hieß. Er gab sie sodann mit kurzen, feierlichen, Worten zusammen, die alten Eheleute segneten die jungen, und die Braut lehnte sich leise zitternd und nachdenklich an den Ritter. Da sagte der Priester mit einem Male: »Ihr Leute seid doch seltsam! Was sagt ihr mir denn, ihr wäret die einzigen Menschen hier auf der Insel? Und während der ganzen Trauhandlung sah zu dem Fenster mir gegenüber

indes
indessen

aufgehn herankommen, sich ereignen

Kleinodien
→ Seite 109

da als

ein ansehnlicher, langer Mann im weißen Mantel herein. Er muss noch vor der Türe stehen, wenn ihr ihn etwan mit ins Haus nötigen wollt.« – »Gott bewahre!«, sagte die Wirtin zusammenfahrend, der alte Fischer schüttelte schweigend den Kopf, und Huldbrand sprang nach dem Fenster. Es war 5 ihm selbst, als sehe er noch einen weißen Streif, der aber bald im Dunkel gänzlich verschwand. Er redete dem Priester ein, dass er sich durchaus geirrt haben müsse, und man setzte sich vertraulich mitsammen um den Herd.

10

Siebentes Kapitel

Was sich weiter am Hochzeitabende begab.

15

Gar sittig und still hatte sich Undine vor und während der Trauung bewiesen, nun aber war es, als schäumten alle die wunderlichen Grillen, welche in ihr hausten, umso dreister und kecklicher auf die Oberfläche hervor. Sie neckte Bräutigam und Pflegeeltern und selbst den noch kaum so hoch- 20 verehrten Priester mit allerhand kindischen Streichen, und als die Wirtin etwas dagegen sagen wollte, brachten diese ein paar ernste Worte des Ritters, worin er Undinen mit großer Bedeutsamkeit seine Hausfrau nannte, zum Schwei- gen. Ihm selbst indessen, dem Ritter, gefiel Undinens kin- 25 disches Bezeigen ebenso wenig; aber da half kein Winken und kein Räuspern und keine tadelnde Rede. Sooft die Braut ihres Lieblings Unzufriedenheit merkte – und das geschah einige Mal –, ward sie freilich stiller, setzte sich neben ihn, streichelte ihn, flüsterte ihm lächelnd etwas in das Ohr, und 30 glättete so die aufsteigenden Falten seiner Stirn. Aber gleich darauf riss sie irgendein toller Einfall wieder in das gaukeln- de Treiben hinein, und es ging nur ärger, als zuvor. Da sagte

wunderlichen Grillen selt- samen Einfälle und Launen

umso dreister und kecklicher umso kühner und bedenken- loser (›kecklich‹ war eine Neben- form von ›keck‹)

kindisches Bezei- gen kindliches oder kindisches Verhalten

Winken Blinzeln

gaukelnde alberne, pos- senhafte, flinke (vgl. die Sei- ten 5 und 14)

der Priester sehr ernsthaft und sehr freundlich: »Mein anmutiges junges Mägdlein, man kann Euch zwar nicht ohne Ergötzen ansehn, aber denkt darauf, Eure Seele beizeiten so zu stimmen, dass sie immer die Harmonie zu der Seele Eures
5 angetrauten Bräutigams anklingen lasse.« – »Seele!«, lachte ihn Undine an; »das klingt recht hübsch, und mag auch für die mehrsten Leute eine gar erbauliche und nutzreiche Regel sein. Aber wenn nun eins gar keine Seele hat, bitt Euch, was soll es denn da stimmen? Und so geht es mir.« – Der
10 Priester schwieg tiefverletzt, im frommen Zürnen, und kehrte sein Antlitz wehmütig von dem Mädchen ab. Sie aber ging schmeichelnd auf ihn zu, und sagte: »Nein, hört doch erst ordentlich, eh Ihr böse ausseht, denn Euer Böseaussehn tut mir weh, und Ihr müsst doch keiner Kreatur weh tun, die Euch
15 ihrerseits nichts zuleide getan hat. Zeigt Euch nur duldsam gegen mich, und ich will's Euch ordentlich sagen, wie ich's meine.«

Man sah, sie stellte sich in Bereitschaft, etwas recht Ausführliches zu erzählen, aber plötzlich stockte sie, wie von ei-
20 nem innern Schauer ergriffen, und brach in einen reichen Strom der wehmütigsten Tränen aus. Sie wussten alle nicht mehr, was sie recht aus ihr machen sollten, und starrten sie in unterschiedlichen Besorgnissen schweigend an. Da sagte sie endlich, sich ihre Tränen abtrocknend, und den Priester
25 ernsthaft ansehend: »Es muss etwas Liebes, aber auch etwas höchst Furchtbares um eine Seele sein. Um Gott, mein frommer Mann, wär es nicht besser, man würde ihrer nie teilhaftig?« – Sie schwieg wieder still, wie auf Antwort wartend, ihre Tränen waren gehemmt. Alle in der Hütte hatten sich
30 von ihren Sitzen erhoben, und traten schaudernd vor ihr zurück. Sie aber schien nur für den Geistlichen Augen zu haben, auf ihren Zügen malte sich der Ausdruck einer fürchtenden Neubegier, die eben deshalb den andern höchst

Ergötzen inniges Vergnügen (vgl. auch Seite 9)

müsst dürft, solltet

aus ihr machen von ihr denken

Um Gott Um Gottes willen (vgl. Seite 12)

würde ihrer nie teilhaftig hätte gar keine

Neubegier Neugier

furchtbar vorkam. – »Schwer muss die Seele lasten«, fuhr sie fort, da ihr noch niemand antwortete; »sehr schwer! Denn schon ihr annahendes Bild überschattet mich mit Angst und Trauer. Und ach, ich war so leicht, so lustig sonst!« – Und in einen erneuten Tränenstrom brach sie aus, und schlug das Gewand vor ihrem Antlitze zusammen. Da trat der Priester, ernsten Ansehens, auf sie zu, und sprach sie an, und beschwur sie bei den heiligsten Namen, sie solle die lichte Hülle abwerfen, falls etwas Böses in ihr sei. Sie aber sank vor ihm in die Knie, alles Fromme wiederholend, was er sprach, und Gott lobend, und beteuernd, sie meine es gut mit der ganzen Welt. Da sagte endlich der Priester zum Ritter: »Herr Bräutigam, ich lasse Euch allein mit der, die ich Euch angetraut habe. Soviel ich ergründen kann, ist nichts Übles an ihr, wohl aber des Wundersamen viel. Ich empfehle Euch Vorsicht, Liebe, und Treue.« – Damit ging er hinaus, die Fischersleute folgten ihm, sich bekreuzend.

Undine war auf die Knie gesunken, sie entschleierte ihr Angesicht, und sagte, scheu nach Huldbranden umblickend: »Ach, nun willst du mich gewiss nicht behalten; und hab ich doch nichts Böses getan, ich armes, armes Kind!« – Sie sah dabei so unendlich anmutig und rührend aus, dass ihr Bräutigam alles Grauens und aller Rätselhaftigkeit vergaß, zu ihr hineilend und sie in seinen Armen emporrichtend. Da lächelte sie durch ihre Tränen; es war, als wenn das Morgenrot auf kleinen Bächen spielt. – »Du kannst nicht von mir lassen!«, flüsterte sie vertraulich und sicher und streichelte mit den zarten Händchen des Ritters Wangen. Dieser wandte sich darüber von den furchtbaren Gedanken ab, die noch im Hintergrunde seiner Seele lauerten, und ihm einreden wollten, er sei an eine Fei, oder sonst ein böslich neckendes Wesen der Geisterwelt, angetraut; nur noch die einzige Frage ging fast unversehens über seine Lippen: »Liebes Undin-

annahendes
herankom-
mendes, sich
näherndes

beschwur sie bei
den heiligsten
Namen be-
schwor sie bei
den Namen
der Heiligen

die lichte Hülle
abwerfen (zu
ihrem eigenen
Heil und dem
ihrer Nächsten)
die täuschende
äußere Gestalt
aufgeben (die
das Böse in
ihr verberge)

darüber
unter diesen
Liebkosungen

Fei Neben-
form von ›Fee‹

böslich
→ Seite 110

chen, sage mir doch das eine, was war es, dass du von Erd-
geistern sprachst, da der Priester an die Tür klopfte, und von
Kühleborn?« – »Märchen! Kindermärchen!«, sagte Undine
lachend, und ganz wieder in ihrer gewohnten Lustigkeit.
»Erst hab ich euch damit bange gemacht, am Ende habt ihr's
mich. Das ist das Ende vom Liede und vom ganzen Hochzeitabend.« – »Nein, das ist es nicht«, sagte der von Liebe be-
rauschte Ritter, löschte die Kerzen, und trug seine schöne
Geliebte unter tausend Küssen, vom Monde, der hell durch
die Fenster hereinsah, anmutig beleuchtet, zu der Brautkam-
mer hinein.

da als
(vgl. Seite 37)

Achtes Kapitel

Der Tag nach der Hochzeit.

Ein frisches Morgenlicht weckte die jungen Eheleute. Undine verbarg sich schamhaft unter ihre Decken, und Huldbrand lag still sinnend vor sich hin. Sooft er in der Nacht
eingeschlafen war, hatten ihn wunderlich grausende Träume verstört, von Gespenstern, die sich heimlich grinzend in
schöne Frauen zu verkleiden strebten, von schönen Frau-
en, die mit einem Male Drachenangesichter bekamen. Und
wenn er von den hässlichen Gebilden in die Höhe fuhr, stand
das Mondlicht bleich und kalt draußen vor den Fenstern;
entsetzt blickte er nach Undinen, an deren Busen er eingeschlafen war, und die in unverwandelter Schönheit und Anmut neben ihm ruhte. Dann drückte er einen leichten Kuss
auf die rosigen Lippen, und schlief wieder ein, um von neuen
Schrecken erweckt zu werden. Nachdem er sich nun alles
dieses recht im vollen Wachen überlegt hatte, schalt er sich
selbst über jedweden Zweifel aus, der ihn an seiner schönen

bat ihr auch …
ab bat sie auch
wegen … um
Verzeihung
(leistete Abbitte)

*dass Undine von
keinem Unwillen
gegen ihn wisse*
dass Undine kei-
nerlei Unwillen
gegen ihn hege,
ihm keineswegs
böse sei.

besorglichen
besorgten

Frau hatte irremachen können. Er bat ihr auch sein Unrecht
mit klaren Worten ab, sie aber reichte ihm nur die schöne
Hand, seufzte aus tiefem Herzen, und blieb still. Aber ein
unendlich inniger Blick aus ihren Augen, wie er ihn noch nie
gesehn hatte, ließ ihm keinen Zweifel, dass Undine von kei- 5
nem Unwillen gegen ihn wisse. Er stand dann heiter auf, und
ging zu den Hausgenossen in das gemeinsame Zimmer vor.
Die dreie saßen mit besorglichen Mienen um den Herd, ohne dass sich einer getraut hätte, seine Worte laut werden zu
lassen. Es sahe aus, als bete der Priester in seinem Innern um 10
Abwendung alles Übels. Da man nun aber den jungen Ehemann so vergnügt hervorgehn sah, glätteten sich auch die
Falten in den übrigen Angesichtern; ja, der alte Fischer fing
an, mit dem Ritter zu scherzen, auf eine recht sittige, ehrbare
Weise, so dass selbst die alte Hausfrau ganz freundlich dazu 15
lächelte. Darüber war endlich Undine auch fertig geworden,
und trat nun in die Tür; alle wollten ihr entgegengehn, und
alle blieben voll Verwunderung stehen, so fremd kam ihnen
die junge Frau vor, und doch so wohlbekannt. Der Priester
schritt zuerst mit Vaterliebe in den leuchtenden Blicken auf 20
sie zu, und wie er die Hand zum Segnen emporhob, sank das
schöne Weib andächtig schauernd vor ihm in die Knie. Sie
bat ihn darauf mit einigen freundlich demütigen Worten wegen des Törichten, das sie gestern gesprochen haben möge,
um Verzeihung, und ersuchte ihn mit sehr bewegtem Tone, 25

wolle möge

dass er für das Heil ihrer Seele beten wolle. Dann erhob sie
sich, küsste ihre Pflegeeltern, und sagte, für alles genossene
Gute dankend: »O jetzt fühle ich es im innersten Herzen, wie
viel, wie unendlich viel, ihr für mich getan habt, ihr lieben,
lieben Leute!« – Sie konnte erst gar nicht wieder von ihren 30
Liebkosungen abbrechen, aber kaum gewahrte sie, dass die
Hausfrau nach dem Frühstücke hinsah, so stand sie auch be-

litt duldete

reits am Herde, kochte und ordnete an, und litt nicht, dass die gute alte Mutter auch nur die geringste Mühwaltung über sich nahm.

Mühwaltung
→ Seite 110

Sie blieb den ganzen Tag lang so; still, freundlich und acht-sam, ein Hausmütterlein, und ein zart verschämtes, jung-

über sich nahm
auf sich nahm

5 fräuliches, Wesen zugleich. Die dreie, welche sie schon länger kannten, dachten in jedem Augenblick irgendein wunderli-ches Wechselspiel ihres launischen Sinnes hervorbrechen zu sehn. Aber sie warteten vergebens darauf. Undine blieb en-gelmild und sanft. Der Priester konnte seine Augen gar nicht

10 von ihr wegwenden, und sagte mehrere Male zum Bräuti-gam: »Herr, einen Schatz hat Euch gestern die himmlische Güte durch mich Unwürdigen anvertraut; wahrt ihn, wie es sich gebührt, so wird er Euer ewiges und zeitliches Heil be-fördern.«

15 Gegen Abend hing sich Undine mit demütiger Zärtlichkeit an des Ritters Arm, und zog ihn sanft vor die Tür hinaus, wo die sinkende Sonne anmutig über den frischen Gräsern und um die hohen, schlanken, Baumstämme leuchtete. In den Au-gen der jungen Frau schwamm es, wie Tau der Wehmut und

20 der Liebe, auf ihren Lippen schwebte es, wie ein zartes, be-sorgliches Geheimnis, das sich aber nur in kaum vernehmli-chen Seufzern kundgab. Sie führte ihren Liebling schwei-gend immer weiter mit sich fort; was er sagte, beantwortete sie nur mit Blicken, in denen zwar keine unmittelbare Aus-

25 kunft auf seine Fragen, wohl aber ein ganzer Himmel der Liebe und schüchternen Ergebenheit lag. So gelangte sie an das Ufer des übergetretnen Waldstroms, und der Ritter er-staunte, diesen in leisen Wellen verrinnend dahinrieseln zu sehn, so dass keine Spur seiner vorigen Wildheit und Fülle

30 mehr anzutreffen war. – »Bis morgen wird er ganz versiegt sein«, sagte die schöne Frau weinerlich, »und du kannst dann ohne Widerspruch reisen, wohinaus du willst.« – »Nicht ohne dich, Undinchen«, entgegnete der lachende Rit-

Achtes Kapitel | 43

auszureisen
Gemeint ist wohl:
auszureißen
(aber die meisten
auch neueren
Ausgaben der Er-
zählung behalten
hier die Original-
schreibung bei)

*ich bin dir ja
gar zu innig gut*
ich habe dich ja
gar zu sehr lieb

Waldleute Wald-
geister, die im
Aberglauben
des Volkes in
vielerlei Gestalt
existierten

*der Wassergeis-
ter ausgebreite-
tes Geschlecht*
die weitläufige
Familie der
Wassergeister

ter; »denke doch, wenn ich auch Lust hätte, auszureisen, so müsste ja Kirche und Geistlichkeit und Kaiser und Reich dreinschlagen, und dir den Flüchtling wiederbringen.« – »Kommt alles auf dich an, kommt alles auf dich an«, flüsterte die Kleine, halb weinend halb lächelnd. »Ich denke aber 5 doch, du wirst mich wohl behalten; ich bin dir ja gar zu innig gut. Trage mich nun hinüber auf die kleine Insel, die vor uns liegt. Da soll sich's entscheiden. Ich könnte wohl leichtlich selbst durch die Wellchen schlüpfen, aber in deinen Armen ruht sich's so gut, und verstößest du mich, so hab ich doch 10 noch zum letzten Male anmutig darin geruht.« – Huldbrand, voll von einer seltsamen Bangigkeit und Rührung, wusste ihr nichts zu erwidern. Er nahm sie in seine Arme, und trug sie hinüber, sich nun erst besinnend, dass es dieselbe kleine Insel war, von wo er sie in jener ersten Nacht dem alten Fi 15 scher zurückgetragen hatte. Jenseits ließ er sie in das weiche Gras nieder, und wollte sich schmeichelnd neben seine schöne Bürde setzen; sie aber sagte: »Nein dorthin, mir gegenüber. Ich will in deinen Augen lesen, noch ehe deine Lippen sprechen: Höre nun recht achtsam zu, was ich dir erzählen 20 will.« Und sie begann.

»Du sollst wissen, mein süßer Liebling, dass es in den Elementen Wesen gibt, die fast aussehen, wie ihr, und sich doch nur selten vor euch blicken lassen. In den Flammen glitzern und spielen die wunderlichen Salamander, in der Erden tief 25 hausen die dürren, tückischen Gnomen, durch die Wälder streifen die Waldleute, die der Luft angehören, und in den Seen und Strömen und Bächen lebt der Wassergeister ausgebreitetes Geschlecht. In klingenden Kristallgewölben, durch die der Himmel mit Sonn' und Sternen hereinsieht, wohnt 30 sich's schön; hohe Korallenbäume mit blau und roten Früchten leuchten in den Gärten; über reinlichen Meeressand wandelt man, und über schöne, bunte Muscheln, und was die alte Welt des also Schönen besaß, dass die heutige nicht mehr sich dran zu freuen würdig ist, das überzogen die Fluten mit ihren heimlichen Silberschleiern, und unten prangen nun die edlen Denkmale, hoch und ernst, und anmutig betaut vom liebenden Gewässer, das aus ihnen schöne Moosblumen und kränzende Schilfbüschel hervorlockt. Die aber dorten wohnen, sind gar hold und lieblich anzuschauen, meist schöner, als die Menschen sind. Manch einem Fischer ward es schon so gut, ein zartes Wasserweib zu belauschen, wie sie über die Fluten hervorstieg und sang. Der erzählte dann von ihrer Schöne weiter, und solche wundersame Frauen werden von den Menschen Undinen genannt. Du aber siehst jetzt wirklich eine Undine, lieber Freund.«

Der Ritter wollte sich einreden, seiner schönen Frau sei irgendeine ihrer seltsamen Launen wach geworden, und sie finde ihre Lust daran, ihn mit bunt erdachten Geschichten zu necken. Aber sosehr er sich dies auch vorsagte, konnte er doch keinen Augenblick daran glauben; ein seltsamer Schauder zog durch sein Innres; unfähig ein Wort hervorzubringen, starrte er unverwandten Auges die holde Erzählerin an. Diese schüttelte betrübt den Kopf, seufzte aus vollem Herzen, und fuhr alsdann folgendermaßen fort.

»Wir wären weit besser daran, als ihr andern Menschen; – denn Menschen nennen wir uns auch, wie wir es denn der Bildung und dem Leibe nach sind; – aber es ist ein gar Übles dabei. Wir, und unsresgleichen in den andern Elementen, wir zerstieben und vergehn mit Geist und Leib, dass keine Spur von uns rückbleibt, und wenn ihr andern dermaleinst zu einem reinern Leben erwacht, sind wir geblieben, wo Sand und Funk' und Wind und Welle blieb. Darum haben wir auch keine Seelen; das Element bewegt uns, gehorcht uns oft, solange wir leben, zerstäubt uns immer, sobald wir sterben, und wir sind lustig, ohne uns irgend zu grämen, wie es die

Nachtigallen und Goldfischlein und andre hübsche Kinder der Natur ja gleichfalls sind. Aber alles will höher, als es steht. So wollte mein Vater, der ein mächtiger Wasserfürst im Mittelländischen Meere ist, seine einzige Tochter solle einer Seele teilhaftig werden, und müsse sie darüber auch viele Leiden der beseelten Leute bestehn. Eine Seele aber kann unsresgleichen nur durch den innigsten Verein der Liebe mit einem eures Geschlechtes gewinnen. Nun bin ich beseelt, dir dank ich die Seele, o du unaussprechlich Geliebter, und dir werd ich es danken, wenn du mich nicht mein ganzes Leben hindurch elend machst. Denn was soll aus mir werden, wenn du mich scheuest und mich verstößest? Durch Trug aber mocht ich dich nicht behalten. Und willst du mich verstoßen, so tu es nun, so geh allein ans Ufer zurück. Ich tauche mich in diesen Bach, der mein Oheim ist, und hier im Walde sein wunderliches Einsiedlerleben, von den übrigen Freunden entfernet, führt. Er ist aber mächtig, und vielen großen Strömen wert und teuer, und wie er mich herführte zu den Fischern, mich leichtes und lachendes Kind, wird er mich auch wieder heimführen zu den Eltern, mich beseelte, liebende, leidende Frau.«

Sie wollte noch mehr sagen, aber Huldbrand umfasste sie voll der innigsten Rührung und Liebe, und trug sie wieder ans Ufer zurück. Hier erst schwur er unter Tränen und Küssen, sein holdes Weib niemals zu verlassen, und pries sich glücklicher als den griechischen Bildner Pygmalion, welchem Frau Venus seinen schönen Stein zur Geliebten belebt habe. Im süßen Vertrauen wandelte Undine an seinem Arme nach der Hütte zurück, und empfand nun erst von ganzem Herzen, wie wenig sie die verlassenen Kristallpaläste ihres wundersamen Vaters bedauern dürfe.

Mittelländi-schen Meere
Mittelmeer

den innigsten Verein die innigste Ver-einigung, die die innigste Verbindung

Oheim
Onkel

den griechi-schen Bildner Pygmalion, welchem Frau Venus seinen schönen Stein zur Geliebten belebt habe
→ Seite 110

Neuntes Kapitel

Wie der Ritter seine junge Frau mit sich führte.

⁵ Als Huldbrand am andern Morgen vom Schlaf erwachte, fehlte seine schöne Genossin an seiner Seiten, und er fing schon an, wieder den wunderlichen Gedanken nachzuhängen, die ihm seine Ehe und die reizende Undine selbst als ein flüchtiges Blendwerk und Gaukelspiel vorstellen wollten.

¹⁰ Aber da trat sie eben zur Tür herein, küsste ihn, setzte sich zu ihm aufs Bett, und sagte: »Ich bin etwas früh hinaus gewesen, um zu sehn, ob der Oheim Wort halte. Er hat schon alle Fluten wieder in sein stilles Bett zurückgelenkt, und rinnt nun nach wie vor einsiedlerisch und sinnend durch

¹⁵ den Wald. Seine Freunde in Wasser und Luft haben sich auch zur Ruhe gegeben; es wird wieder alles ordentlich und ruhig in diesen Gegenden zugehen, und du kannst trocknen Fußes heimreisen, sobald du willst.« – Es war Huldbranden zumute, als träume er wachend fort, so wenig konnte er sich

²⁰ in die seltsame Verwandtschaft seiner Frau finden. Dennoch ließ er sich nichts merken, und die unendliche Anmut des holden Weibes wiegte auch bald jedwede unheimliche Ahnung zur Ruhe. – Als er nach einer Weile mit ihr vor der Tür stand, und die grünende Seespitze mit ihren klaren Wassergrenzen

²⁵ überschaute, ward es ihm so wohl in dieser Wiege seiner Liebe, dass er sagte: »Was sollen wir denn auch heute schon reisen? Wir finden wohl keine vergnügtern Tage in der Welt haußen, als wir sie an diesem heimlichen Schutzörtlein verlebten. Lass uns immer noch zwei oder drei Mal die Sonne hier untergehn

³⁰ sehn.« – »Wie mein Herr es gebeut«, entgegnete Undine in freundlicher Demut. »Es ist nur, dass sich die alten Leute ohnehin schon mit Schmerzen von mir trennen werden, und wenn sie nun erst die treue Seele in mir spüren, und wie ich

vorstellen
darstellen, erscheinen lassen

haußen
Nebenform
von ›draußen‹

gebeut altertümlich und
dichterisch
für: gebietet

jetzt innig lieben und ehren kann, bricht ihnen wohl gar vor vielen Tränen das schwache Augenlicht. Noch halten sie meine Stille und Frömmigkeit für nichts Besseres, als es sonst in mir bedeutete, für die Ruhe des Sees, wenn eben die Luft still ist, und sie werden sich nun ebenso gut einem Bäumchen oder Blümlein befreunden lernen, als mir. Lass mich ihnen dies neugeschenkte, von Liebe wallende, Herz nicht kundgeben, in Augenblicken, wo sie es für diese Erde verlieren sollen, und wie könnt ich es bergen, blieben wir länger zusammen?« –

Huldbrand gab ihr recht; er ging zu den Alten, und besprach die Reise mit ihnen, die noch in dieser Stunde vor sich gehen sollte. Der Priester bot sich den beiden jungen Eheleuten zum Begleiter an, er und der Ritter hoben nach kurzem Abschied die schöne Frau aufs Pferd, und schritten mit ihr über das ausgetrocknete Bette des Waldstroms eilig dem Forste zu. Undine weinte still, aber bitterlich, die alten Leute klagten ihr laut nach. Es schien, als sei diesen eine Ahnung aufgegangen, von dem, was sie eben jetzt an der holden Pflegetochter verloren.

Die drei Reisenden waren schweigend in die dichtesten Schatten des Waldes gelangt. Es mochte hübsch anzusehen sein, in dem grünen Blättersaal, wie die schöne Frauengestalt auf dem edlen, zierlich geschmückten Pferde, saß, und von einer Seite der ehrwürdige Priester in seiner weißen Ordenstracht, von der anderen der blühende junge Ritter in bunten hellen Kleidern, mit seinem prächtigen Schwerte umgürtet, achtsam beiher schritten. Huldbrand hatte nur Augen für sein holdes Weib; Undine, die ihre lieben Tränen getrocknet hatte, nur Augen für ihn, und sie gerieten bald in ein stilles, lautloses, Gespräch mit Blicken und Winken, aus dem sie erst spät durch ein leises Reden erweckt wurden, welches der Priester mit einem vierten Reisegesellschafter hielt, der indes unbemerkt zu ihnen gekommen war.

wallende → Seite 110

bergen retten, in Sicherheit bringen; aber auch: verbergen

achtsam beiher aufmerksam nebenher

Winken Gesten

Er trug ein weißes Kleid, fast wie des Priesters Ordenshabit, nur dass ihm die Kappe ganz tief ins Gesicht hereinhing,
und das Ganze in so weiten Falten um ihn herflog, dass er
alle Augenblicke mit Aufraffen und über den Arm schlagen
5 oder sonst dergleichen Anordnungen zu tun hatte, ohne dass
er doch dadurch im Geringsten im Gehen behindert schien.
Als die jungen Eheleute seiner gewahr wurden, sagte er
eben: »Und so wohn ich denn schon seit vielen Jahren hier
im Walde, mein ehrwürdiger Herr, ohne dass man mich Eu-
10 rem Sinne nach einen Eremiten nennen könnte. Denn, wie
gesagt, von Buße weiß ich nichts, und glaube sie auch nicht
sonderlich zu bedürfen. Ich habe nur deswegen den Wald so
lieb, weil es sich auf eine ganz eigne Weise hübsch ausnimmt
und mir Spaß macht, wenn ich in meinen flatternden weißen
15 Kleidern durch die finstern Schatten und Blätter hingehe, und
dann bisweilen ein süßer Sonnenstrahl unvermutet auf mich
herunterblitzt.« – »Ihr seid ein höchst seltsamer Mann«, entgegnete der Priester, »und ich möchte wohl nähere Kunde
von Euch haben.« – »Und wer seid Ihr denn, von einem aufs
20 andre zu kommen?«, fragte der Fremde. »Sie nennen mich
den Pater Heilmann«, sprach der Geistliche, »und ich komme aus Kloster Mariagruß von jenseit des Sees.« – »So, so«,
antwortete der Fremde. »Ich heiße Kühleborn, und wenn es
auf Höflichkeit ankommt, könnte man mich auch wohl eben-
25 so gut Herr von Kühleborn betiteln, oder Freiherr von Kühleborn; denn frei bin ich, wie der Vogel im Walde, und wohl
noch ein bisschen drüber. Zum Exempel, jetzt hab ich der
jungen Frau dorten etwas zu erzählen.« – Und ehe man sich's
versah, war er auf der andern Seite des Priesters, dicht neben
30 Undinen, und reckte sich hoch in die Höhe, um ihr etwas ins
Ohr zu flüstern. Sie aber wandte sich erschrocken ab, sagend:
»Ich habe nichts mit Euch mehr zu schaffen.« – »Hoho«,
lachte der Fremde, »was für eine ungeheuer vornehme Hei-

Ordenshabit
Kleidung eines
Ordensmönchs

Eremiten
Einsiedler

sie ihrer

Exempel
(lat.) Beispiel

rat habt Ihr denn getan, dass Ihr Eure Verwandten nicht mehr kennt? Wisst Ihr denn nicht vom Oheim Kühleborn, der Euch auf seinem Rücken so treu in diese Gegend trug?« – »Ich bitte Euch aber«, entgegnete Undine, »dass Ihr Euch nicht wieder vor mir sehn lasst. Jetzt fürcht ich Euch; und soll mein Mann mich scheuen lernen, wenn er mich in so seltsamer Gesellschaft und Verwandtschaft sieht?« – »Nichtchen«, sagte Kühleborn, »Ihr müsst nicht vergessen, dass ich hier zum Geleiter bei Euch bin; die spukenden Erdgeister möchten sonst dummen Spaß mit Euch treiben. Lasst mich also doch immer ruhig mitgehn; der alte Priester dort wusste sich übrigens meiner besser zu erinnern, als Ihr es zu tun scheint, denn er versicherte vorhin, ich käme ihm sehr bekannt vor und ich müsse wohl mit im Nachen gewesen sein, aus dem er ins Wasser fiel. Das war ich auch freilich, denn ich war just die Wasserhose, die ihn herausriss, und schwemmte ihn hernach zu deiner Trauung vollends ans Land.«

Undine und der Ritter sahen nach Pater Heilmann; der aber schien in einem wandelnden Traume fortzugehn und von allem, was gesprochen ward, nichts mehr zu vernehmen. Da sagte Undine zu Kühleborn: »Ich sehe dort schon das Ende des Waldes. Wir brauchen Eurer Hülfe nicht mehr, und nichts macht uns Grauen als Ihr. Drum bitt Euch in Lieb' und Güte, verschwindet, und lasst uns in Frieden ziehn.« – Darüber schien Kühleborn unwillig zu werden; er zog ein hässliches Gesicht, und grinzte Undinen an, die laut aufschrie, und ihren Freund zu Hülfe rief. Wie ein Blitz war der Ritter um das Pferd herum, und schwang die scharfe Klinge gegen Kühleborns Haupt. Aber er hieb in einen Wasserfall, der von einer hohen Klippe neben ihnen herabschäumte, und sie plötzlich mit einem Geplätscher, das beinahe wie Lachen klang, übergoss, und bis auf die Haut durchnetzte. Der Priester sagte, wie plötzlich erwachend: »Das hab ich lange

müsst
dürft, solltet

Geleiter bereits
um 1800 eine
recht veraltete
Bezeichnung für
eine Person, die
eine andere
führt, ihr den
Weg weist

möchten
könnten

Nachen
(siehe Seite 34)

just genau,
eben, gerade

Wasserhose
→ Seite 111

durchnetzte
durchnässte

gedacht, weil der Bach so dicht auf der Anhöhe neben uns herlief. Anfangs wollt er mir gar vorkommen, als wär er ein Mensch und könne sprechen.« – In Huldbrands Ohr rauschte der Wasserfall ganz vernehmlich diese Worte: »Rascher Ritter, rüst'ger Ritter, ich zürne nicht, ich zanke nicht; schirm nur dein reizend Weiblein stets so gut, du Ritter rüstig, du rasches Blut!«

Nach wenigen Schritten waren sie im Freien. Die Reichsstadt lag glänzend vor ihnen, und die Abendsonne, welche deren Türme vergoldete, trocknete freundlich die Kleider der durchnässten Wandrer.

Zehntes Kapitel

Wie sie in der Stadt lebten.

Dass der junge Ritter Huldbrand von Ringstetten so plötzlich vermisst worden war, hatte großes Aufsehen in der Reichsstadt erregt, und Bekümmernis bei den Leuten, die ihn allesamt wegen seiner Gewandtheit bei Turnier und Tanz wie auch wegen seiner milden, freundlichen Sitten, lieb gewonnen hatten. Seine Diener wollten nicht ohne ihren Herrn von dem Orte wieder weg, ohne dass doch *einer* den Mut gefasst hätte, ihm in die Schatten des gefürchteten Forstes nachzureiten. Sie blieben also in ihrer Herberge, untätig hoffend, wie es die Menschen zu tun pflegen und durch ihre Klagen das Andenken des Verlornen lebendig erhalten. Wie nun bald darauf die großen Unwetter und Überschwemmungen merkbarer wurden, zweifelte man umso minder an dem gewissen Untergange des schönen Fremden, den auch Bertalda ganz unverhohlen betrauerte, und sich selbst verwünschte, dass sie ihn zu dem unseligen Ritte nach dem Walde gelockt

Das hab ich lange gedacht
Das habe ich schon eine Weile vermutet

rüst'ger
starker, hurtiger, gesunder

du rasches Blut
du heißblütiger (temperamentvoller) Mensch (siehe auch Seite 8: junges Blut)

bewog
veranlasste,
überzeugte

gewisse
sichere

einziehe er-
lange, erhalte

emsig eifrig
und beharrlich

dass sie … nach-
ziehn möchten
… nachzuziehen

zum Preise des
Wagestücks
ausstellen als
Belohnung für
den, der das
Abenteuer wagt
und besteht,
anbieten

Handschuh
und Band
(Strumpfband
oder Schleife
am Kleid) tra-
ditionelle Zei-
chen weiblicher
Gunst und Aner-
kennung einer
ritterlichen Tat

Erstlich Zum
Ersten, Erstens

kundgewor-
den bekannt
geworden
(vgl. Seite 34)

tat … als
verhielt sich
… wie

habe. Ihre herzoglichen Pflegeeltern waren gekommen, sie abzuholen, aber Bertalda bewog sie, mit ihr zu bleiben, bis man gewisse Nachricht von Huldbrands Leben oder Tod einziehe. Sie suchte verschiedne junge Ritter, die emsig um sie warben, zu bewegen, dass sie dem edlen Abenteurer in den Forst nachziehn möchten. Aber ihre Hand mochte sie nicht zum Preise des Wagestücks ausstellen, weil sie vielleicht noch immer hoffte, dem Wiederkehrenden angehören zu können, und um Handschuh oder Band, oder auch selbst um einen Kuss, wollte niemand sein Leben dran setzen, einen so gar gefährlichen Nebenbuhler zurückzuholen.

Nun, da Huldbrand unerwartet und plötzlich erschien, freuten sich Diener und Stadtbewohner, und überhaupt fast alle Leute, nur Bertalda eben nicht, denn wenn es den andern auch ganz lieb war, dass er eine so wunderschöne Frau mitbrachte, und den Pater Heilmann als Zeugen der Trauung, so konnte doch Bertalda nicht anders, als sich deshalb betrüben. Erstlich hatte sie den jungen Rittersmann wirklich von ganzer Seele lieb gewonnen, und dann war durch ihre Trauer über sein Wegbleiben den Augen der Menschen weit mehr davon kundgeworden, als sich nun eben schicken wollte. Sie tat deswegen aber doch immer als ein kluges Weib, fand sich in die Umstände, und lebte aufs Allerfreundlichste mit Undinen, die man in der ganzen Stadt für eine Prinzessin hielt, welche Huldbrand im Walde von irgendeinem bösen Zauber erlöst habe. Wenn man sie selbst oder ihren Eheherrn darüber befragte, wussten sie zu schweigen, oder geschickt auszuweichen, des Pater Heilmanns Lippen waren für jedes eitle Geschwätz versiegelt, und ohnehin war er gleich nach Huldbrands Ankunft wieder in sein Kloster zurückgegangen, so dass sich die Leute mit ihren seltsamen Mutmaßungen behelfen mussten, und auch selbst Bertalda nicht mehr als jeder andre von der Wahrheit erfuhr.

Undine gewann übrigens dies anmutige Mädchen mit jedem Tage lieber. – »Wir müssen uns einander schon eher gekannt haben«, pflegte sie ihr öfters zu sagen, »oder es muss sonst irgendeine wundersame Beziehung unter uns geben, denn so ganz ohne Ursach, versteht mich, ohne tiefe, geheime Ursach gewinnt man ein andres nicht so lieb, als ich Euch gleich vom ersten Anblicke her gewann.« – Und auch Bertalda konnte sich nicht ableugnen, dass sie einen Zug der Vertraulichkeit und Liebe zu Undinen empfinde, wie sehr sie übrigens meinte, Ursach zu den bittersten Klagen über diese glückliche Nebenbuhlerin zu haben. In dieser gegenseitigen Neigung wusste die eine bei ihren Pflegeeltern, die andre bei ihrem Ehegatten, den Tag der Abreise weiter und weiter hinauszuschieben; ja, es war schon die Rede davon gewesen, Bertalda solle Undinen auf einige Zeit nach Burg Ringstetten an die Quellen der Donau begleiten.

Sie sprachen auch einmal eines schönen Abends davon, als sie eben bei Sternenschein auf dem mit hohen Bäumen eingefassten Markte der Reichsstadt umherwandelten. Die beiden jungen Eheleute hatten Bertalden noch spät zu einem Spaziergange abgeholt, und alle drei zogen vertraulich unter dem tiefblauen Himmel auf und ab, oftmals in ihren Gesprächen durch die Bewunderung unterbrochen, die sie dem kostbaren Springborn in der Mitte des Platzes, und seinem wundersamen Rauschen und Sprudeln zollen mussten. Es war ihnen so lieb und heimlich zu Sinn; zwischen die Baumschatten durch stahlen sich die Lichtschimmer der nahen Häuser, ein stilles Gesumse von spielenden Kindern und andern lustwandelnden Menschen wogte um sie her; man war so allein und doch so freundlich in der heitern, lebendigen Welt mitten inne; was bei Tage Schwierigkeit geschienen hatte, das ebnete sich nun wie von selber, und die drei Freunde konnten gar nicht mehr begreifen, warum wegen Bertal-

umherwandelten umherspazierten

Springborn altertümlich und poetisch für ›Springbrunnen‹ (siehe auch Seite 26: Springbronn)

Gesumse → Seite 111

lustwandelnden spazieren gehenden

obwalten vor-
handen sein,
herrschen

das Mitreise auch nur die geringste Bedenklichkeit habe obwalten mögen. Da kam, als sie eben den Tag ihrer gemein-
schaftlichen Abfahrt bestimmen wollten, ein langer Mann
von der Mitte des Marktplatzes her auf sie zugegangen, neigte sich ehrerbietig vor der Gesellschaft, und sagte der jungen
Frau etwas ins Ohr. Sie trat, unzufrieden über die Störung
und über den Störer, einige Schritte mit dem Fremden zur
Seite, und beide begannen miteinander zu flüstern, es schien,
in einer fremden Sprache. Huldbrand glaubte den seltsamen
Mann zu kennen, und sah so starr auf ihn hin, dass er Bertaldens staunende Fragen weder hörte noch beantwortete. Mit
einem Male klopfte Undine freudig in die Hände, und ließ
den Fremden lachend stehn, der sich mit vielem Kopfschüt-
teln und hastigen, unzufriedenen Schritten entfernte, und in
den Brunnen hineinstieg. Nun glaubte Huldbrand seiner Sache ganz gewiss zu sein, Bertalda aber fragte: »Was wollte
dir denn der Brunnenmeister, liebe Undine?« – Die junge
Frau lachte heimlich in sich hinein, und erwiderte: »Übermorgen, auf deinen Namenstag, sollst du's erfahren, du liebliches Kind.« – Und weiter war nichts aus ihr herauszubrin-
gen. Sie lud nur Bertalden und durch sie ihre Pflegeeltern an
dem bestimmten Tage zur Mittagstafel, und man ging bald
darauf auseinander.

Brunnenmeister
→ Seite 111

Namenstag
→ Seite 111

»Kühleborn?« – fragte Huldbrand mit einem geheimen
Schauder seine schöne Gattin, als sie von Bertalda Abschied
genommen hatten, und nun allein durch die dunkler werdenden Gassen zu Haus gingen. – »Ja, er war es«, antwortete Undine, »und er wollte mir auch allerhand dummes Zeug
vorsprechen! Aber mitten darin hat er mich, ganz gegen seine Absicht, mit einer höchst willkommenen Botschaft er-
freut. Willst du diese nun gleich wissen, mein holder Herr
und Gemahl, so brauchst du nur zu gebieten, und ich spre-
che mir alles vom Herzen los. Wolltest du aber deiner Undi-

zu Haus
nach Haus

ne eine recht, recht große Freude gönnen, so ließest du es bis übermorgen, und hättest dann auch an der Überraschung dein Teil.«

Der Ritter gewährte seiner Gattin gern, warum sie so anmutig bat, und noch im Entschlummern lispelte sie lächelnd vor sich hin: »Was sie sich freuen wird, und sich wundern über ihres Brunnenmeisters Botschaft, die liebe, liebe Bertalda!«

warum worum

Entschlummern Einschlafen

lispelte flüsterte

Eilftes Kapitel

Bertaldas Namensfeier.

Namensfeier → Seite 111

Die Gesellschaft saß bei Tafel, Bertalda, mit Kleinodien und Blumen, den mannigfachen Geschenken ihrer Pflegeeltern und Freunde, geschmückt, wie eine Frühlingsgöttin, obenan, zu ihren Seiten Undine und Huldbrand. Als das reiche Mahl zu Ende ging, und man den Nachtisch auftrug, blieben die Türen offen; nach alter, guter Sitte in deutschen Landen, damit auch das Volk zusehen könne, und sich an der Lustigkeit der Herrschaften mitfreuen. Bediente trugen Wein und Kuchen unter den Zuschauern herum. Huldbrand und Bertalda warteten mit heimlicher Ungeduld auf die versprochne Erklärung, und verwandten, so sehr es sich tun ließ, kein Auge von Undinen. Aber die schöne Frau blieb noch immer still, und lächelte nur heimlich und innig froh vor sich hin. Wer um ihre getane Verheißung wusste, konnte sehn, dass sie ihr erquickendes Geheimnis alle Augenblick verraten wollte, und es doch noch immer in lüsterner Entsagung zurücklegte, wie es Kinder bisweilen mit ihren liebsten Leckerbissen tun. Bertalda und Huldbrand teilten dies wonnige Gefühl, in hoffender Bangigkeit das neue Glück erwartend, welches von

Kleinodien (siehe Seite 37 bzw. 109)

zurücklegte verschob, zurückbehielt

wonnige entzückende, beseligende

ihrer Freundin Lippen auf sie herniedertauen sollte. Da baten verschiedne von der Gesellschaft Undinen um ein Lied. Es schien ihr gelegen zu kommen, sie ließ sich ihre Laute bringen, und sang folgende Worte:

> »Morgen so hell,   5
> Blumen so bunt,
> Gräser so duftig und hoch
> An wallenden Sees Gestade!
> Was zwischen den Gräsern
> Schimmert so licht?   10
> Ist's eine Blüte weiß und groß,
> Vom Himmel gefallen in Wiesenschoß?
> Ach, ist ein zartes Kind! –
> Unbewusst mit Blumen tändelt's,
> Fasst nach goldnen Morgenlichtern; –   15
> O woher? Woher, du Holdes? –
> Fern vom unbekannten Strande
> Trug es hier der See heran; –
> Nein fasse nicht, du zartes Leben,
> Mit deiner kleinen Hand herum;   20
> Nicht Hand wird dir zurückgegeben,
> Die Blumen sind so fremd und stumm.
> Die wissen wohl sich schön zu schmücken,
> Zu duften auch nach Herzenslust,
> Doch keine mag dich an sich drücken,   25
> Fern ist die traute Mutterbrust.
> So früh noch an des Lebens Toren,
> Noch Himmelslächeln im Gesicht,
> Hast du das Beste schon verloren,
> O armes Kind, und weißt es nicht.   30
> Ein edler Herzog kommt geritten,
> Und hemmt vor dir des Rosses Lauf;
> Zu hoher Kunst und reinen Sitten

Laute der Gitarre ähnliches Zupfinstrument mit kurzem, meist abgeknicktem Hals

wallenden (siehe Seite 48 bzw. 110)

Gestade poetisch für: Ufer

tändelt's → Seite 111

nach goldnen Morgenlichtern nach den ersten Morgenstrahlen der Sonne

traute zärtlich geliebte

Zieht er in seiner Burg dich auf.
Du hast unendlich viel gewonnen,
Du blühst, die Schönst' im ganzen Land,
Doch ach! die allerbesten Wonnen
Ließ'st du am unbekannten Strand.«

Undine senkte mit einem wehmütigen Lächeln ihre Laute;
die Augen der herzoglichen Pflegeeltern Bertaldens standen
voller Tränen. – »So war es am Morgen, wo ich dich fand, du
arme holde Waise«, sagte der Herzog tiefbewegt; »die schöne Sängerin hat wohl recht; das Beste haben wir dir dennoch
nicht zu geben vermocht.« –

»Wir müssen aber auch hören, wie es den armen Eltern
ergangen ist«, sagte Undine, schlug die Saiten, und sang:

»Mutter geht durch ihre Kammern
Räumt die Schränke ein und aus,
Sucht, und weiß nicht was, mit Jammern,
Findet nichts, als leeres Haus.

Leeres Haus! O Wort der Klage,
Dem, der einst ein holdes Kind
Drin gegängelt hat am Tage,
Drin gewiegt in Nächten lind.

Wieder grünen wohl die Buchen,
Wieder kommt der Sonne Licht,
Aber, Mutter, lass dein Suchen,
Wieder kommt dein Liebes nicht.

Und wenn Abendlüfte fächeln,
Vater heim zum Herde kehrt,
Regt sich's fast in ihm wie Lächeln,
Dran doch gleich die Träne zehrt.

gegängelt
→ Seite 112

        Vater weiß, in seinen Zimmern
        Findet er die Todesruh,
        Hört nur bleicher Mutter Wimmern,
        Und kein Kindlein lacht ihm zu.«

»O, um Gott, Undine, wo sind meine Eltern?«, rief die weinende Bertalda. »Du weißt es gewiss, du hast es erfahren, du
wundersame Frau, denn sonst hättest du mir das Herz nicht
so zerrissen. Sind sie vielleicht schon hier? Wär es?« – Ihr
Auge durchflog die glänzende Gesellschaft, und weilte auf
einer regierenden Herrin, die ihrem Pflegevater zunächst
saß. Da beugte sich Undine nach der Tür zurück, ihre Augen
flossen in der süßesten Rührung über. – »Wo sind denn die
armen, harrenden Eltern?«, fragte sie, und der alte Fischer
mit seiner Frau wankten aus dem Haufen der Zuschauer vor.
Ihre Augen hingen fragend bald an Undinen, bald an dem
schönen Fräulein, das ihre Tochter sein sollte. – »Sie ist es!«,
stammelte die entzückte Geberin, und die zwei alten Leute hingen lautweinend und Gott preisend an dem Halse der
Wiedergefundnen.

   Aber entsetzt und zürnend riss sich Bertalda aus ihrer
Umarmung los. Es war zu viel für dieses stolze Gemüt, eine
solche Wiedererkennung, in dem Augenblicke, wo sie fest
gemeint hatte, ihren bisherigen Glanz noch zu steigern, und
die Hoffnung Thronhimmel und Kronen über ihr Haupt he-
runterregnen ließ. Es kam ihr vor, als habe ihre Nebenbuhlerin dies alles ersonnen, um sie nur recht ausgesucht vor
Huldbranden und aller Welt zu demütigen. Sie schalt Undinen, sie schalt die beiden Alten, die hässlichen Worte: »Be-
trügerin und erkauftes Volk!« rissen sich von ihren Lippen.
Da sagte die alte Fischerfrau nur ganz leise vor sich hin:
»Ach Gott, ist sie ein böses Weibsbild geworden; und dennoch fühl ich's im Herzen, dass sie von mir geboren ist.« –

Wär es? Wäre
es möglich?

zunächst am
nächsten (di-
rekt neben ...)

harrenden
wartenden

bald ... bald
in einem Mo-
ment ... und
dann wieder

erkauftes Volk
bestochene
Leute

Der alte Fischer aber hatte seine Hände gefaltet, und betete still, dass die hier seine Tochter nicht sein möge. – Undine wankte todesbleich von den Eltern zu Bertalden, von Bertalden zu den Eltern, plötzlich aus all den Himmeln, die sie sich geträumt hatte, in eine Angst und ein Entsetzen gestürzt, das ihr bisher auch nicht im Traume kundgeworden war. »Hast du denn eine Seele? Hast du denn wirklich eine Seele, Bertalda?«, schrie sie einige Male in ihre zürnende Freundin hinein, als wolle sie sie aus einem plötzlichen Wahnsinn oder einem tollmachenden Nachtgesichte gewaltsam zur Besinnung bringen. Als aber Bertalda nur immer noch ungestümer wütete, als die verstoßenen Eltern laut zu heulen anfingen, und die Gesellschaft sich streitend und eifernd in verschiedne Parten teilte, erbat sie sich mit einem Male so würdig und ernst die Freiheit, in den Zimmern ihres Mannes zu reden, dass alles um sie her, wie auf einen Wink, stille ward. Sie trat darauf an das obre Ende des Tisches, wo Bertalda gesessen hatte, demütig und stolz, und sprach, während sich aller Augen unverwandt auf sie richteten, folgendergestalt:

»Ihr Leute, die ihr so feindlich ausseht und so verstört, und mir mein liebes Fest so grimm zerreißt, ach Gott, ich wusste von euern törichten Sitten und eurer harten Sinnesweise nichts, und werde mich wohl mein lebelang nicht drin finden. Dass ich alles verkehrt angefangen habe, liegt nicht an mir; glaubt nur, es liegt einzig an euch, sowenig es auch danach aussehen mag. Ich habe euch auch deshalb nur wenig zu sagen, aber das eine muss gesagt sein: Ich habe nicht gelogen. Beweise kann und will ich euch außer meiner Versicherung nicht geben, aber beschwören will ich es. Mir hat es derselbe gesagt, der Bertalden von ihren Eltern weg ins Wasser lockte, und sie nachher dem Herzog in seinen Weg auf die grüne Wiese legte.«

tollmachenden Nachtgesichte zum Wahnsinn verleitenden Albtraum

Parten Partien, Teile, Grüppchen

unverwandt unablässig, gebannt

grimm grimmig, wütend, grausam

mein lebelang früher übliche Form von: mein Leben lang

drin finden dreinfinden, daran gewöhnen

»Sie ist eine Zauberin«, rief Bertalda, »eine Hexe, die mit bösen Geistern Umgang hat! Sie bekennt es ja selbst.«

»Das tue ich nicht«, sagte Undine, einen ganzen Himmel der Unschuld und Zuversicht in ihren Augen. »Ich bin auch keine Hexe; seht mich nur darauf an.« 5

seht mich nur darauf an unterzieht mich nur einer genauen Prüfung

»So lügt sie, und prahlt«, fiel Bertalda ein, »und kann nicht behaupten, dass ich dieser niedern Leute Kind sei. Meine herzoglichen Eltern, ich bitte euch, führt mich aus dieser Gesellschaft fort, und aus dieser Stadt, wo man nur darauf ausgeht, mich zu schmähen.« 10

Der alte, ehrsame Herzog aber blieb fest stehen, und seine Gemahlin sagte: »Wir müssen durchaus wissen, woran wir sind; Gott sei vor, dass ich eher nur einen Fuß aus diesem Saale setze.« – Da näherte sich die alte Fischerin, beugte sich tief vor der Herzogin, und sagte: »Ihr schließt mir das Herz 15 auf, hohe, gottesfürchtige Frau. Ich muss Euch sagen, wenn dieses böse Fräulein meine Tochter ist, trägt sie ein Mal, gleich einem Veilchen, zwischen beiden Schultern, und ein gleiches auf dem Spann ihres linken Fußes. Wenn sie sich nur mit mir aus dem Saale entfernen wollte.« – »Ich entblö- 20 ße mich nicht vor der Bäuerin«, sagte Bertalda, ihr stolz den Rücken wendend. – »Aber vor mir doch wohl«, entgegnete die Herzogin mit großem Ernst. »Ihr werdet mir in jenes Gemach folgen, Jungfrau, und die gute Alte kommt mit.« – Die drei verschwanden, und alle Übrigen blieben in großer Er- 25 wartung schweigend zurück. Nach einer kleinen Weile kamen die Frauen wieder, Bertalda totenbleich, und die Herzogin sagte: »Recht muss Recht bleiben: Deshalben erklär ich, dass unsre Frau Wirtin vollkommen wahr gesprochen hat. Bertalda ist des Fischers Tochter, und so viel ist, als man hier 30 zu wissen braucht.« Das fürstliche Ehepaar ging mit der Pflegetochter fort; auf einen Wink des Herzogs folgte ihnen der Fischer mit seiner Frau. Die andern Gäste entfernten

durchaus unbedingt, unter allen Umständen

Gott sei vor Gott verhüte

schließt mir das Herz auf gewinnt mit eurem Verhalten all meine Achtung und Liebe

so viel ist, als das ist alles, was

sich schweigend oder heimlich murmelnd, und Undine sank herzlich weinend in Huldbrands Arme.

Zwölftes Kapitel

Wie sie aus der Reichsstadt abreisten.

Dem Herrn von Ringstetten wär es freilich lieber gewesen, wenn sich alles an diesem Tage anders gefügt hätte; aber auch so, wie es nun einmal war, konnte es ihm nicht unlieb sein, da sich seine reizende Frau so fromm und gutmütig und herzlich bewies. – »Wenn ich ihr eine Seele gegeben habe«, musst er bei sich selber sagen, »gab ich ihr wohl eine bessre als meine eigne ist«; und nun dachte er einzig darauf, die Weinende zufrieden zu sprechen, und gleich des andern Tages einen Ort mit ihr zu verlassen, der ihr seit diesem Vorfalle zuwider sein musste. Zwar ist es an dem, dass man sie eben nicht ungleich beurteilte. Weil man schon früher etwas Wunderbares von ihr erwartete, fiel die seltsame Entdeckung von Bertaldens Herkommen nicht allzu sehr auf, und nur gegen diese war jedermann, der die Geschichte und ihr stürmisches Betragen dabei erfuhr, übel gesinnt. Davon wussten aber der Ritter und seine Frau noch nichts; außerdem wäre eins für Undinen so schmerzhaft gewesen, als das andre, und so hatte man nichts Bessres zu tun, als die Mauern der alten Stadt baldmöglichst hinter sich zu lassen.

Mit den ersten Strahlen des Morgens hielt ein zierlicher Wagen für Undinen vor dem Tore der Herberge; Huldbrands und seiner Knappen Hengste stampften daneben das Pflaster. Der Ritter führte seine schöne Frau aus der Tür, da trat ihnen ein Fischermädchen in den Weg. – »Wir brauchen

dachte er einzig darauf kam es ihm ausschließlich darauf an

zufrieden zu sprechen seiner Liebe und Treue zu versichern

ist es an dem verhielt es sich so

ungleich ungerecht, hart, unfreundlich, nachteilig

deine Ware nicht«, sagte Huldbrand zu ihr, »wir reisen eben fort.« – Da fing das Fischermädchen bitterlich an zu weinen, und nun erst sahen die Eheleute, dass es Bertalda war. Sie traten gleich mit ihr in das Gemach zurück, und erfuhren von ihr, der Herzog und die Herzogin seien so erzürnt über ihre 5 gestrige Härte und Heftigkeit, dass sie die Hand gänzlich von ihr abgezogen hätten, nicht ohne ihr jedoch vorher eine reiche Aussteuer zu schenken. Der Fischer sei gleichfalls wohl begabt worden, und habe noch gestern abends mit seiner Frau wieder den Weg nach der Seespitze eingeschlagen. 10

»Ich wollte mit ihnen gehn«, fuhr sie fort, »aber der alte Fischer, der mein Vater sein soll –«

»Er ist es auch wahrhaftig, Bertalda«, unterbrach sie Undine. »Sieh nur, der, welchen du für den Brunnenmeister ansahst, erzählte mir's ausführlich. Er wollte mich abreden, 15 dass ich dich nicht mit nach Burg Ringstetten nehmen sollte, und da fuhr ihm dieses Geheimnis mit heraus.«

»Nun denn«, sagte Bertalda, »mein Vater, – wenn es denn so sein soll, – mein Vater sprach, ›ich nehme dich nicht mit, bis du anders worden bist. Wage dich allein durch den verru- 20 fenen Wald zu uns hinaus; das soll die Probe sein, ob du dir etwas aus uns machst. Aber komme mir nicht, wie ein Fräulein; wie eine Fischerdirne komm!‹ – Da will ich denn tun, wie er gesagt hat, denn von aller Welt bin ich verlassen, und will als ein armes Fischerkind bei den ärmlichen Eltern ein- 25 sam leben und sterben. Vor dem Wald graut es mich freilich sehr. Es sollen abscheuliche Gespenster drinnen hausen, und ich bin so furchtsam. Aber was hilft's? – Hierher kam ich nur noch, um bei der edlen Frau von Ringstetten Verzeihung dafür zu erflehen, dass ich mich gestern so ungebührlich er- 30 zeigte. Ich fühle wohl, Ihr habt es gut gemeint, holde Dame, aber Ihr wusstet nicht, wie Ihr mich verletzen würdet, und da strömte mir denn in der Angst und Überraschung gar

die Hand gänzlich von ihr abgezogen ihr ihre Zuneigung und ihren Schutz ganz entzogen

Aussteuer traditionelle Ausstattung der Braut für ihren ehelichen Haushalt durch die Eltern

begabt beschenkt, mit Gaben versehen

mich abreden mit mir vereinbaren, mich dazu bringen

worden geworden

Fräulein vornehme junge Frau

Fischersdirne einfaches Fischersmädchen

erzeigte verhielt

manch unsinnig verwegnes Wort über die Lippen. Ach verzeiht, verzeiht! Ich bin ja so unglücklich schon. Denkt nur selbsten, was ich noch gestern in der Frühe war, noch gestern zu Anfang Eures Festes, und was nun heut! –«

Die Worte gingen ihr unter in einem schmerzlichen Tränenstrom, und gleichfalls bitterlich weinend fiel ihr Undine um den Hals. Es dauerte lange, bis die tiefgerührte Frau ein Wort hervorbringen konnte; dann aber sagte sie: »Du sollst ja mit uns nach Ringstetten; es soll ja alles bleiben, wie es früher abgeredet war; nur nenne mich wieder du, und nicht mehr Dame und edle Frau. Sieh, wir wurden als Kinder miteinander vertauscht; da schon verzweigte sich unser Geschick, und wir wollen es fürder so innig verzweigen, dass es keine menschliche Gewalt zu trennen imstand sein soll. Nur erst mit uns nach Ringstetten. Wie wir als Schwestern miteinander teilen wollen, besprechen wir dort.« – Bertalda sah scheu nach Huldbrand empor. Ihn jammerte des schönen, bedrängten Mägdleins; er bot ihr die Hand, und redete ihr kosend zu, sich ihm und seiner Gattin anzuvertrau'n. – »Euern Eltern«, sagte er, »schicken wir Botschaft, warum Ihr nicht gekommen seid«; – und noch manches wollte er wegen der guten Fischersleute hinzusetzen, aber er sah, wie Bertalda bei deren Erwähnung schmerzhaft zusammenfuhr, und ließ also lieber das Reden davon sein. Aber unter den Arm fasste er sie, hob sie zuerst in den Wagen, Undinen ihr nach, und trabte fröhlich beiher, trieb auch den Fuhrmann so wacker an, dass sie das Gebiet der Reichsstadt und mit ihm alle trüben Erinnrungen in kurzer Zeit überflogen hatten, und nun die Frauen mit bessrer Lust durch die schönen Gegenden hinrollten, welche ihr Weg sie entlängst führte.

Nach einigen Tagereisen kamen sie eines schönen Abends auf Burg Ringstetten an. Dem jungen Rittersmann hatten

fürder
(siehe Seite 29)

Ihn jammerte des schönen, bedrängten Mägdleins
Das schöne, durch die Umstände so sehr bedrängte Mädchen tat ihm leid

beiher
nebenher
(vgl. Seite 48)

entlängst
entlang
(vgl. Seite 35)

Vögte
Verwalter

Mannen
Dienstleute

ergingen sich
verschafften
sich etwas
Bewegung

Wall
→ Seite 112

Veste
→ Seite 112

Schwaben
Das mittelalter-
liche (Herzog-
tum) Schwaben
reichte als po-
litischer Raum
vom heutigen
Elsass bis ins
Allgäu und
schloss auch
Teile der heu-
tigen Schweiz
mit ein.

schnellen
plötzlichen

Ehrfurcht
Hochachtung,
Ehrerbietung

gegen ein
gegenüber
einem

seine Vögte und Mannen viel zu berichten, so dass Undine
mit Bertalden allein blieb. Die beiden ergingen sich auf dem
hohen Wall der Veste, und freuten sich an der anmutigen
Landschaft, die sich ringsum durch das gesegnete Schwaben
ausbreitete. Da trat ein langer Mann zu ihnen, der sie höflich 5
grüßte, und der Bertalden beinah vorkam, wie jener Brunnenmeister in der Reichsstadt. Noch unverkennbarer ward
ihr die Ähnlichkeit, als Undine ihm unwillig, ja drohend, zu-
rückwinkte, und er sich mit eiligen Schritten und schütteln-
dem Kopfe fortmachte wie damals, worauf er in einem na- 10
hen Gebüsche verschwand. Undine aber sagte: »Fürchte
dich nicht, liebes Bertaldchen; diesmal soll dir der hässliche
Brunnenmeister nichts zuleide tun.« – Und damit erzählte
sie ihr die ganze Geschichte ausführlich, und auch wer sie
selbst sei, und wie Bertalda von den Fischersleuten weg, Un- 15
dine aber dahin gekommen war. Die Jungfrau entsetzte sich
anfänglich vor diesen Reden; sie glaubte, ihre Freundin sei
von einem schnellen Wahnsinn befallen. Aber mehr und mehr
überzeugte sie sich, dass alles wahr sei, an Undinens zusam-
menhängenden Worten, die zu den bisherigen Begebenhei- 20
ten so gut passten, und noch mehr an dem innern Gefühl,
mit welchem sich die Wahrheit uns kundzugeben nie ermangelt. Es war ihr seltsam, dass sie nun selbst wie mitten
in einem von den Märchen lebe, die sie sonst nur erzählen
gehört. Sie starrte Undinen mit Ehrfurcht an, konnte sich 25
aber eines Schauders, der zwischen sie und ihre Freundin
trat, nicht mehr erwehren, und musste sich beim Abendbrot
sehr darüber wundern, wie der Ritter gegen ein Wesen so
verliebt und freundlich tat, welches ihr seit den letzten Ent-
deckungen mehr gespenstisch als menschlich vorkam. 30

Dreizehntes Kapitel

Wie sie auf Burg Ringstetten lebten.

Der diese Geschichte aufschreibt, weil sie ihm das Herz bewegt, und weil er wünscht, dass sie auch andern ein Gleiches tun möge, bittet dich, lieber Leser, um eine Gunst. Sieh es ihm nach, wenn er jetzt über einen ziemlich langen Zeitraum mit kurzen Worten hingeht, und dir nur im Allgemeinen sagt, was sich darin begeben hat. Er weiß wohl, dass man es recht kunstgemäß und Schritt vor Schritt entwickeln *vor für* könnte, wie Huldbrands Gemüt begann, sich von Undinen ab- und Bertalden zuzuwenden, wie Bertalda dem jungen Mann mit glühender Liebe immer mehr entgegenkam, und er und sie die arme Ehefrau als ein fremdartiges Wesen mehr zu fürchten als zu bemitleiden schienen, wie Undine weinte, und ihre Tränen Gewissensbisse in des Ritters Herzen anregten, ohne jedoch die alte Liebe zu erwecken, so dass er ihr wohl bisweilen freundlich tat, aber ein kalter Schauer ihn bald von ihr weg, und dem Menschenkinde Bertalda entgegentrieb; – man könnte dies alles, weiß der Schreiber, ordentlich ausführen, vielleicht sollte man's auch. Aber das Herz tut ihm dabei allzu weh, denn er hat ähnliche Dinge erlebt, und scheut sich in der Erinnerung auch noch vor ihrem Schatten. Du kennst wahrscheinlich ein ähnliches Gefühl, lieber Leser, denn so ist nun einmal der sterblichen Menschen Geschick. Wohl dir, wenn du dabei mehr empfangen, als ausgeteilt hast, denn hier ist Nehmen seliger als Geben. Dann schleicht dir nur ein geliebter Schmerz bei solchen Erwähnungen durch die Seele, und vielleicht eine linde Träne die Wange herab, um deine verwelkten Blumenbeete, deren du dich so herzlich gefreut hattest. Damit sei es aber auch genug; wir wollen uns nicht mit tausendfach vereinzelten

durchprickeln
→ Seite 112

sonderlich
besonders

Stichen das Herz durchprickeln, sondern nur kurz dabei bleiben, dass es nun einmal so gekommen war, wie ich es vorhin
sagte. Die arme Undine war sehr betrübt, die andern beiden
waren auch nicht eben vergnügt; sonderlich meinte Bertalda
bei der geringsten Abweichung von dem, was sie wünschte, 5
den eifersüchtigen Druck der beleidigten Hausfrau zu spüren. Sie hatte sich deshalb ordentlich ein herrisches Wesen
angewöhnt, dem Undine in wehmütiger Entsagung nachgab,
und das durch den verblendeten Huldbrand gewöhnlich aufs
Entschiedenste unterstützt ward. – Was die Burggesellschaft 10
noch mehr verstörte, waren allerhand wunderliche Spukereien, die Huldbranden und Bertalden in den gewölbten
Gängen des Schlosses begegneten, und von denen vorher seit
Menschengedenken nichts gehört worden war. Der lange,
weiße Mann, in welchem Huldbrand den Oheim Kühleborn, 15
Bertalda den gespenstischen Brunnenmeister nur allzu wohl
erkannte, trat oftmals drohend vor beide, vorzüglich aber vor
Bertalden hin, so dass diese schon einige Mal vor Schrecken
krank darnieder gelegen hatte, und manchmal daran dachte,
die Burg zu verlassen. Teils aber war ihr Huldbrand allzu 20
lieb, und sie stützte sich dabei auf ihre Unschuld, weil es nie
zu einer eigentlichen Erklärung unter ihnen gekommen war;
teils auch wusste sie nicht, wohin sie sonst ihre Schritte richten solle. Der alte Fischer hatte auf des Herrn von Ringstet-
tens Botschaft, dass Bertalda bei ihm sei, mit einigen schwer 25
zu lesenden Federzügen, so wie sie ihm Alter und lange Ent-

verstatteten
gestatteten,
erlaubten

erstorben
gestorben

wöhnung verstatteten, geantwortet: »Ich bin nun ein armer
alter Witwer geworden, denn meine liebe treue Frau ist mir
erstorben. Wie sehr ich aber auch allein in der Hütten sitzen
mag, Bertalda ist mir lieber dort, als bei mir. Nur dass sie mei- 30
ner lieben Undine nichts zuleide tue! Sonst hätte sie meinen
Fluch.« – Die letztern Worte schlug Bertalda in den Wind,
aber das wegen des Wegbleibens von dem Vater behielt sie

gut, so wie wir Menschen in ähnlichen Fällen es immer zu machen pflegen.

Eines Tages war Huldbrand eben ausgeritten, als Undine das Hausgesinde versammelte, einen großen Stein herbeibringen hieß, und den prächtigen Brunnen, der sich in der Mitte des Schlosshofes befand, sorgfältig damit zu bedecken befahl. Die Leute wandten ein, sie würden alsdann das Wasser weit unten aus dem Tale heraufzuholen haben. Undine lächelte wehmütig. – »Es tut mir leid um eure vermehrte Arbeit, liebe Kinder«, entgegnete sie; »ich möchte lieber selbst die Wasserkrüge heraufholen, aber dieser Brunnen muss nun einmal zu. Glaubt es mir aufs Wort, dass es nicht anders angeht, und dass wir nur dadurch ein größeres Unheil zu vermeiden imstande sind.« – Die ganze Dienerschaft freute sich, ihrer sanften Hausfrau gefällig sein zu können; man fragte nicht weiter, sondern ergriff den ungeheuern Stein. Dieser hob sich unter ihren Händen, und schwebte bereits über dem Brunnen, da kam Bertalda gelaufen, und rief, man solle innehalten; aus diesem Brunnen lasse sie das Waschwasser holen, welches ihrer Haut so vorteilhaft sei, und sie werde nimmermehr zugeben, dass man ihn verschließe. Undine aber blieb diesmal, obgleich auf gewohnte Weise sanft, dennoch auf ungewohnte Weise, bei ihrer Meinung fest; sie sagte, als Hausfrau gebühre ihr, alle Anordnungen der Wirtschaft nach bester Überzeugung einzurichten, und niemand habe sie darüber Rechenschaft abzulegen, als ihrem Ehgemahl und Herrn. – »Seht, o seht doch«, rief Bertalda unwillig und ängstlich, »das arme, schöne Wasser kräuselt sich und windet sich, weil es vor der klaren Sonne versteckt werden soll, und vor dem erfreulichen Anblick der Menschengesichter, zu deren Spiegel es erschaffen ist!« – In der Tat zischte und regte sich die Flut im Borne ganz wunderlich; es war, als wollte sich etwas daraus hervorringen,

zugeben erlauben, dulden (vgl. Seite 12)

Ehgemahl Ehegemahl, Mann

Borne Wasser, Quelle, (gegrabener) Brunnen

Schlossgesind'
→ Seite 112

in nach

aber Undine drang nur umso ernstlicher auf die Erfüllung ihrer Befehle. Es brauchte dieses Ernstes kaum. Das Schlossgesind' war ebenso froh, seiner milden Herrin zu gehorchen, als Bertaldas Trotz zu brechen, und so ungebärdig diese auch schelten und drohen mochte, lag dennoch in kurzer Zeit der ⁵ Stein über der Öffnung des Brunnens fest. Undine lehnte sich sinnend darüber hin, und schrieb mit den schönen Fingern auf der Fläche. Sie musste aber wohl etwas sehr Scharfes und Ätzendes dabei in der Hand gehabt haben, denn als sie sich abwandte, und die andern näher hinzutraten, nah- ¹⁰ men sie allerhand seltsame Zeichen auf dem Steine wahr, die keiner vorher an demselben gesehn haben wollte.

Den heimkehrenden Ritter empfing am Abend Bertalda mit Tränen und Klagen über Undinens Verfahren. Er warf ernste Blicke auf diese, und die arme Frau sah betrübt vor ¹⁵ sich nieder. Doch sagte sie mit großer Fassung: »Mein Herr und Ehgemahl schilt ja keinen Leibeignen, bevor er ihn hört, wie minder dann sein angetrautes Weib.« – »Sprich, was dich zu jener seltsamen Tat bewog«, sagte der Ritter mit finsterm Antlitz. – »Ganz allein möcht ich es dir sagen!«, seufzte ²⁰ Undine. – »Du kannst es ebenso gut in Bertaldas Gegenwart«, entgegnete er. – »Ja, wenn du es gebeutst«, sagte Undine; »aber gebeut es nicht. O bitte, bitte, gebeut es nicht.« –

gebeutst
befiehlst
(vgl. Seite 47)

Sonnenblick
→ Seite 112

macht
kommt daher

Sie sah so demütig, hold und gehorsam aus, dass des Ritters Herz sich einem Sonnenblick aus bessern Zeiten erschloss. ²⁵ Er fasste sie freundlich unter den Arm, und führte sie in sein Gemach, wo sie folgendermaßen zu sprechen begann.

»Du kennst ja den bösen Oheim Kühleborn, mein geliebter Herr, und bist ihm öfters unwillig in den Gängen dieser Burg begegnet. Bertalden hat er gar bisweilen zum Krank- ³⁰ werden erschreckt. Das macht, er ist seelenlos, ein bloßer, elementarischer Spiegel der Außenwelt, der das Innere nicht widerzustrahlen vermag. Da sieht er denn bisweilen, dass du

elementarischer
Adjektiv zu
›Element‹ in
der Bedeutung
›Grundstoff‹,
›Urstoff‹

widerzustrahlen
zu reflektieren

unzufrieden mit mir bist, dass ich in meinem kindischen Sinne darüber weine, dass Bertalda vielleicht eben in derselben Stunde zufällig lacht. Nun bildet er sich allerhand Ungleiches ein, und mischt sich auf vielfache Weise ungebeten in unsern Kreis. Was hilft's, dass ich ihn ausschelte? Dass ich ihn unfreundlich wegschicke? Er glaubt mir nicht ein Wort. Sein armes Leben hat keine Ahnung davon, wie Liebesleiden und Liebesfreuden einander so anmutig gleichsehn, und so innig verschwistert sind, dass keine Gewalt sie zu trennen vermag. Unter der Träne quillt das Lächeln vor, das Lächeln lockt die Träne aus ihren Kammern.«

Ungleiches Ungerechtes, Unfreundliches (vgl. Seite 61)

vor hervor

ihren Kammern bildhaft für: den Augen

Sie sah lächelnd und weinend nach Huldbrand in die Höh', der allen Zauber der alten Liebe wieder in seinem Herzen empfand. Sie fühlte das, drückte ihn inniger an sich, und fuhr unter freudigen Tränen also fort:

also folgendermaßen

»Da sich der Friedenstörer nicht mit Worten weisen ließ, musste ich wohl die Tür vor ihm zusperren. Und die einzige Tür, die er zu uns hat, ist jener Brunnen. Mit den andern Quellgeistern hier in der Gegend ist er entzweit, von den nächsten Tälern an, und erst weiterhin auf der Donau, wenn einige seiner guten Freunde hineingeströmt sind, fängt sein Reich wieder an. Darum ließ ich den Stein über des Brunnens Öffnung wälzen, und schrieb Zeichen darauf, die alle Kraft des eifernden Oheims lähmen, so dass er nun weder dir, noch mir, noch Bertalden, in den Weg kommen soll. Menschen freilich können trotz der Zeichen mit ganz gewöhnlichem Bemühen den Stein wieder abheben; die hindert es nicht. Willst du also, so tu nach Bertaldas Begehr, aber wahrhaftig, sie weiß nicht, was sie bittet. Auf sie hat es der ungezogne Kühleborn ganz vorzüglich abgesehn, und wenn manches käme, was er mir prophezeien wollte, und was doch wohl geschehen könnte, ohne dass du es übel meintest, – ach Lieber, so wärest ja auch du nicht außer Gefahr!«

weisen belehren, zwingen, in die Schranken weisen

so tu nach Bertaldas Begehr so handle nach Bertaldas Wünschen

vorzüglich besonders (vgl. Seite 18)

emsig eifrig und standhaft (vgl. Seite 52)

Huldbrand fühlte tief im Herzen die Großmut seiner holden Frau, wie sie ihren furchtbaren Beschützer so emsig aussperrte, und noch dazu von Bertalden darüber gescholten worden war. Er drückte sie daher aufs Liebreichste in seine Arme, und sagte gerührt: »Der Stein bleibt liegen, und alles bleibt und soll immer bleiben, wie du es haben willst, mein holdes Undinchen.« – Sie schmeichelte ihm demütig froh über die lang entbehrten Worte der Liebe, und sagte endlich: »Mein allerliebster Freund, da du heute so überaus mild und gütig bist, dürft ich es wohl wagen, dir eine Bitte vorzutragen? Sieh nur, es ist mit dir, wie mit dem Sommer. Eben in seiner besten Herrlichkeit setzt sich der flammende und donnernde Kronen von schönen Gewittern auf, darin er als ein rechter König und Erdengott anzusehen ist. So schiltst auch du bisweilen, und wetterleuchtest mit Zung' und Augen, und das steht dir sehr gut, wenn ich auch bisweilen in meiner Torheit darüber zu weinen anfange. Aber tu das nie gegen mich, auf einem Wasser, oder wo wir auch nur einem Gewässer nahe sind. Siehe, dann bekämen die Verwandten ein Recht über mich. Unerbittlich würden sie mich von dir reißen in ihrem Grimm, weil sie meinten, dass eine ihres Geschlechtes beleidigt sei, und ich müsste lebenslang drunten in den Kristallpalästen wohnen, und dürfte nie wieder zu dir herauf, oder sendeten sie mich zu dir herauf, o Gott, dann wär es noch unendlich schlimmer. Nein nein, du süßer Freund, dahin lass es nicht kommen, so lieb dir die arme Undine ist.«

Er verhieß feierlich, zu tun, wie sie begehre, und die beiden Eheleute traten unendlich froh und liebevoll wieder aus dem Gemach. Da kam Bertalda mit einigen Werkleuten, die sie unterdes schon hatte bescheiden lassen, und sagte mit einer mürrischen Art, die sie sich zeither angenommen hatte: »Nun ist doch wohl das geheime Gespräch zu Ende, und der Stein kann herab. Geht nur hin, ihr Leute, und richtet's

Werkleuten Arbeitsleuten, Handwerkern

bescheiden herbeikommen → Seite 112

sich zeither angenommen sich seit geraumer Zeit angewöhnt

aus.« – Der Ritter aber, ihre Unart empört fühlend, sagte in kurzen und sehr ernstlichen Worten, »der Stein bleibt liegen«; auch verwies er Bertalden ihre Heftigkeit gegen seine Frau, worauf die Werkleute mit heimlich vergnügtem Lächeln fortgingen, Bertalda aber von der andern Seite erbleichend nach ihren Zimmern eilte.

Die Stunde des Abendessens kam heran, und Bertalda ließ sich vergeblich erwarten. Man schickte nach ihr; da fand der Kämmerling ihre Gemächer leer, und brachte nur ein versiegeltes Blatt, an den Ritter überschrieben, mit zurück. Dieser öffnete es bestürzt, und las.

»Ich fühle mit Beschämung, wie ich nur eine arme Fischersdirne bin. Dass ich es auf Augenblicke vergaß, will ich in der ärmlichen Hütte meiner Eltern büßen. Lebt wohl mit Eurer schönen Frau!«

Undine war von Herzen betrübt. Sie bat Huldbranden inbrünstig, der entflohenen Freundin nachzueilen, und sie wieder mit zurückzubringen. Ach, sie hatte nicht nötig zu treiben! Seine Neigung für Bertalden brach wieder heftig hervor. Er eilte im ganzen Schloss umher, fragend, ob niemand gesehen habe, welches Weges die schöne Flüchtige gegangen sei. Er konnte nichts erfahren, und saß schon im Burghofe zu Pferde, entschlossen, aufs Geratewohl dem Wege nachzureiten, den er Bertalden hierher geführt hatte. Da kam ein Schildbub, und versicherte, er sei dem Fräulein auf dem Pfade nach dem Schwarztale begegnet. Wie ein Pfeil sprengte der Ritter durch das Tor, der angewiesenen Richtung nach, ohne Undinens ängstliche Stimme zu hören, die ihm aus dem Fenster nachrief: »Nach dem Schwarztal? O dahin nicht! Huldbrand, dahin nicht! Oder um Gottes willen, nimm mich mit!« – Als sie aber all ihr Rufen vergeblich sah, ließ sie eilig ihren weißen Zelter satteln, und trabte dem Ritter nach, ohne irgendeines Dieners Begleitung annehmen zu wollen.

richtet's aus
setzt es ins Werk, führt es aus

Kämmerling Kammerdiener

überschrieben gerichtet (wie aus der Überschrift bzw. Anrede hervorging)

treiben drängen

Schildbub eigentlich eine Variante von ›Schildhalter‹: eine Figur in der Heraldik (Wappenkunst), die den Wappenschild hält; hier wohl: Page, Knappe

Als sie aber all ihr Rufen vergeblich sah Als sie aber die Vergeblichkeit all ihres Rufens ›einsah, erkannte‹

Zelter »auf Passgang dressiertes Reitpferd (für Damen)« (Duden Wörterbuch)

Vierzehntes Kapitel

Wie Bertalda mit dem Ritter heimfuhr.

Das Schwarztal liegt tief in die Berge hinein. Wie es jetzo heißt, kann man nicht wissen. Damals nannten es die Landleute so, wegen der tiefen Dunkelheit, welche von hohen Bäumen, worunter es vorzüglich viele Tannen gab, in die Niederung heruntergestreuet ward. Selbst der Bach, der zwischen den Klippen hinstrudelte, sahe davon ganz schwarz aus, und gar nicht so fröhlich, wie es Gewässer wohl zu tun pflegen, die den blauen Himmel unmittelbar über sich haben. Nun, in der hereinbrechenden Dämmerung, war es vollends sehr wild und finster zwischen den Höhen geworden. Der Ritter trabte ängstlich die Bachesufer entlängst; er fürchtete bald, durch Verzögerung die Flüchtige zu weit vorauszulassen, bald wieder, in der großen Eile sie irgendwo, dafern sie sich vor ihm verstecken wolle, zu übersehn. Er war indes schon ziemlich tief in das Tal hineingekommen, und konnte nun denken, das Mägdlein bald eingeholt zu haben, wenn er anders auf der rechten Spur war. Die Ahnung, dass er das auch wohl nicht sein könne, trieb sein Herz zu immer ängstlicheren Schlägen. Wo sollte die zarte Bertalda bleiben, wenn er sie nicht fand, in der drohenden Wetternacht, die sich immer furchtbarer über das Tal hereinbog? Da sah er endlich etwas Weißes am Hange des Berges durch die Zweige schimmern. Er glaubte Bertaldas Gewand zu erkennen, und machte sich hinzu. Sein Ross aber wollte nicht hinan; es bäumte sich so ungestüm, und er wollte so wenig Zeit verlieren, dass er – zumal da ihm wohl ohnehin zu Pferde das Gesträuch allzu hinderlich geworden wäre, – absaß, und den schnaubenden Hengst an eine Rüster band, worauf er sich dann vorsichtig durch die Büsche hinarbeitete. Die Zweige

dafern sofern (vgl. Seite 24)

wenn er anders sofern er

Wetternacht Gewitternacht

machte sich hinzu näherte sich

Rüster Ulme → Seite 112

schlugen ihm unfreundlich Stirn und Wangen mit der kalten Nässe des Abendtaus, ein ferner Donner murmelte jenseit der Berge hin, es sah alles so seltsam aus, dass er anfing, eine Scheu vor der weißen Gestalt zu empfinden, die nun schon
5 unfern von ihm am Boden lag. Doch konnte er ganz deutlich unterscheiden, dass es ein schlafendes oder ohnmächtiges Frauenzimmer in langen, weißen Gewändern war, wie sie Bertalda heute getragen hatte. Er trat dicht vor sie hin, rauschte an den Zweigen, klirrte an seinem Schwerte, – sie
10 regte sich nicht. – »Bertalda!«, sprach er; erst leise, dann immer lauter, – sie hörte nicht. Als er zuletzt den teuern Namen mit gewaltsamer Anstrengung rief, hallte ein dumpfes Echo aus den Berghöhlen des Tales lallend zurück: »Bertalda!« – aber die Schläferin blieb unerweckt. Er beugte sich zu
15 ihr nieder; die Dunkelheit des Tales und der einbrechenden Nacht ließen keinen ihrer Gesichtszüge unterscheiden. Als er sich nun eben mit einigem gramvollen Zweifel ganz nahe zu ihr an den Boden gedrückt hatte, fuhr ein Blitz schnell erleuchtend über das Tal hin. Er sah ein abscheulich verzerrtes
20 Antlitz dicht vor sich, das mit dumpfer Stimme rief: »Gib mir 'nen Kuss, du verliebter Schäfer!« – Vor Entsetzen schreiend fuhr Huldbrand in die Höh, die hässliche Gestalt ihm nach. – »Zu Haus!«, murmelte sie; »die Unholde sind wach. Zu Haus! Sonst hab ich dich!« – Und es griff nach ihm mit
25 langen weißen Armen. – »Tückischer Kühleborn«, rief der Ritter sich ermannend, »was gilt's, du bist es, du Kobold! Da hast du 'nen Kuss!« – Und wütend hieb er mit dem Schwerte gegen die Gestalt. Aber die zerstob, und ein durchnässender Wasserguss ließ dem Ritter keinen Zweifel darüber, mit wel-
30 chem Feinde er gestritten habe.

»Er will mich zurückschrecken von Bertalden«, sagte er laut zu sich selbst; »er denkt, ich soll mich vor seinen albernen Spukereien fürchten, und ihm das arme, geängstete Mäd-

teuern ihm so lieben, so werten

lallend dasselbe wiederholend (wie es Kleinkinder tun)

blieb unerweckt wachte nicht auf

Zu Nach

was gilt's
→ Seite 113

gegen die
nach der

chen hingeben, damit er sie seine Rache könne fühlen lassen. Das soll er doch nicht, der schwächliche Elementargeist. Was eine Menschenbrust vermag, wenn sie so recht will, so recht aus ihrem besten Leben will, das versteht der ohnmächtige Gaukler nicht.« – Er fühlte die Wahrheit seiner Worte, und dass er sich selbst dadurch einen ganz erneuten Mut in das Herz gesprochen habe. Auch schien es, als trete das Glück mit ihm in Bunde, denn noch war er nicht wieder bei seinem angebundenen Rosse, da hörte er schon ganz deutlich Bertaldens klagende Stimme, wie sie unfern von ihm durch das immer lauter werdende Geräusch des Donners und Sturmwindes herüber weinte. Beflügelten Fußes eilt' er dem Schalle nach, und fand die erbebende Jungfrau, wie sie eben die Höhe hinanzuklimmen versuchte, um sich auf alle Weise aus dem schaurigen Dunkel dieses Tales zu retten. Er aber trat ihr liebkosend in den Weg, und so kühn und stolz auch früher ihr Entschluss mochte gewesen sein, empfand sie doch jetzt nur allzu lebendig das Glück, dass ihr im Herzen geliebter Freund sie aus der furchtbaren Einsamkeit erlöse, und das helle Leben in der befreundeten Burg so anmutige Arme nach ihr ausstrecke. Sie folgte fast ohne Widerspruch, aber so ermattet, dass der Ritter froh war, sie bis zu seinem Rosse geleitet zu haben, welches er nun eilig losknüpfte, um die schöne Wandrerin hinaufzuheben, und es alsdann am Zügel sich durch die ungewissen Schatten der Talgegend vorsichtig nachzuleiten.

Aber das Pferd war ganz verwildert durch Kühleborns tolle Erscheinung. Selbst der Ritter würde Mühe gebraucht haben, auf des bäumenden, wildschnaubenden, Tieres Rücken zu springen; die zitternde Bertalda hinaufzuheben, war eine volle Unmöglichkeit. Man beschloss also, zu Fuße heimzukehren. Das Ross am Zügel nachzerrend, unterstützte der Ritter mit der andern Hand das schwankende Mägdlein.

Bertalda machte sich so stark, als möglich, um den furchtbaren Talgrund schnell zu durchwandeln, aber wie Blei zog die Müdigkeit sie herab, und zugleich bebten ihr alle Glieder zusammen, teils noch von mancher überstandnen Angst, womit Kühleborn sie vorwärtsgehetzt hatte, teils auch in der fortdauernden Bangigkeit vor dem Geheul des Sturmes und Donners durch die Waldung des Gebirgs.

Endlich entglitt sie dem stützenden Arm ihres Führers, und auf das Moos hingesunken, sagte sie: »Lasst mich nur hier liegen, edler Herr. Ich büße meiner Torheit Schuld, und muss nun doch auf alle Weise hier verkommen vor Mattigkeit und Angst.« – »Nimmermehr, holde Freundin, verlass ich Euch!«, rief Huldbrand, vergeblich bemüht, den brausenden Hengst an seiner Hand zu bändigen, der ärger, als vorhin, zu tosen und zu schäumen begann; der Ritter war endlich nur froh, dass er ihn von der hingesunknen Jungfrau fern genug hielt, um sie nicht durch die Furcht vor ihm noch mehr zu erschrecken. Wie er sich aber mit dem tollen Pferde nur kaum einige Schritte entfernte, begann sie auch gleich, ihm auf das Allerjämmerlichste nachzurufen, des Glaubens, er wolle sie wirklich hier in der entsetzlichen Wildnis verlassen. Er wusste gar nicht mehr, was er beginnen sollte. Gern hätte er dem wütenden Tiere volle Freiheit gegeben, durch die Nacht hinzustürmen, und seine Raserei auszutoben, hätte er nur nicht fürchten müssen, es würde in diesem engen Pass mit seinen beerzten Hufen eben über die Stelle hindonnern, wo Bertalda lag.

Während dieser großen Not und Verlegenheit, war es ihm unendlich trostreich, dass er einen Wagen langsam den steinigen Weg hinter sich herabfahren hörte. Er rief um Beistand; eine männliche Stimme antwortete, verwies ihn zur Geduld, aber versprach, zu helfen, und bald darauf leuchteten schon zwei Schimmel durch das Gebüsch, der weiße

beerzten wohl poetisch für: mit Hufeisen versehenen

verwies ermahnte

Kärrnerkittel
→ Seite 113

kam gegen den
Ritter heran
näherte sich
dem Ritter

Wassernix
→ Seite 113

Kärrner
→ Seite 113

Erbieten
Angebot

rüstig stark
und hurtig
(vgl. S. 51)

Kärrnerkittel ihres Führers nebenher, worauf sich denn auch die große weiße Leinewand sehen ließ, mit welcher die Waren, die er bei sich führen mochte, überdeckt waren. Auf ein lautes Brr! aus dem Munde ihres Herrn standen die gehorsamen Schimmel. Er kam gegen den Ritter heran, und half ihm, das schäumende Tier bändigen. – »Ich merke wohl«, sagte er dabei, »was der Bestie fehlt. Als ich zuerst durch diese Gegend zog, ging es meinen Pferden nicht besser. Das macht, hier wohnt ein böser Wassernix, der an solchen Neckereien Lust hat. Aber ich hab ein Sprüchlein gelernt; wenn Ihr mir vergönnen wolltet, dem Rosse das ins Ohr zu sagen, so sollt' es gleich so ruhig stehn, wie meine Schimmel da.« – »Versucht Eu'r Heil, und helft nur bald!«, schrie der ungeduldige Ritter. Da bog der Fuhrmann den Kopf des bäumenden Pferdes zu sich herunter, und sagte ihm einige Worte ins Ohr. Augenblicklich stand der Hengst gezähmt und friedlich still, und nur sein erhitztes Keuchen und Dampfen zeugte noch von der vorherigen Unbändigkeit. Es war nicht viel Zeit für Huldbranden, lange zu fragen, wie dies zugegangen sei. Er ward mit dem Kärrner einig, dass er Bertalden auf den Wagen nehmen solle, wo, seiner Aussage nach, die weichste Baumwolle in Ballen lag, und so möge er sie bis nach Burg Ringstetten führen; der Ritter wolle den Zug zu Pferde begleiten. Aber das Ross schien von seinem vorigen Toben zu erschöpft, um noch seinen Herrn so weit zu tragen, weshalb diesem der Kärrner zuredete, mit Bertalden in den Wagen zu steigen. Das Pferd könne man ja hinten anbinden. – »Es geht bergunter«, sagte er, »und da wird's meinen Schimmeln leicht.« – Der Ritter nahm dies Erbieten an, er bestieg mit Bertalden den Wagen, der Hengst folgte geduldig nach, und rüstig und achtsam schritt der Fuhrmann beiher.

In der Stille der tiefer dunkelnden Nacht, aus der das Gewitter immer ferner und schweigsamer abdonnerte, in dem

behaglichen Gefühl der Sicherheit und des bequemen Fort-
kommens, entspann sich zwischen Huldbrand und Bertalda
ein trauliches Gespräch. Mit schmeichelnden Worten schalt
er sie um ihr trotziges Flüchten; mit Demut und Rührung
5 entschuldigte sie sich, und aus allem, was sie sprach, leuchtete es hervor, gleich einer Lampe, die dem Geliebten zwischen Nacht und Geheimnis kundgibt, die Geliebte harre
noch sein. Der Ritter fühlte den Sinn dieser Reden weit mehr,
als dass er auf die Bedeutung der Worte achtgegeben hätte,
10 und antwortete auch einzig auf jenen. Da rief der Fuhrmann
plötzlich mit kreischender Stimme: »Hoch, ihr Schimmel!
Hoch den Fuß! Nehmt euch zusammen, Schimmel! Denkt
hübsch, was ihr seid!« – Der Ritter beugte sich aus dem Wagen, und sah, wie die Pferde mitten im schäumenden Wasser
15 dahinschritten, oder fast schon schwammen, des Wagens
Räder wie Mühlenräder blinkten und rauschten, der Kärrner
vor der wachsenden Flut auf das Fuhrwerk gestiegen war. –
»Was soll das für ein Weg sein? Der geht ja mitten in den
Strom!«, rief Huldbrand seinem Führer zu. – »Nein, Herr«,
20 lachte dieser zurück; »es ist grad umgekehrt. Der Strom geht
mitten in unsern Weg. Seht Euch nur um, wie alles überge-
treten ist.«

In der Tat wogte und rauschte der ganze Talgrund von
plötzlich empörten, sichtbar steigenden, Wellen. »Das ist der
25 Kühleborn, der böse Wassernix, der uns ersäufen will!«, rief
der Ritter. »Weißt du kein Sprüchlein wider ihn, Gesell?« –
»Ich wüsste wohl eins«, sagte der Fuhrmann, »aber ich kann
und mag es nicht eher brauchen, als bis Ihr wisst, wer ich
bin.« – »Ist es hier Zeit zu Rätseln?«, schrie der Ritter. »Die
30 Flut steigt immer höher, und was geht es mich an, zu wissen,
wer du bist?« – »Es geht Euch aber doch was an«, sagte der
Fuhrmann, »denn ich bin Kühleborn.« Damit lachte er, ver-
zerrten Antlitzes, zum Wagen herein, aber der Wagen blieb

trauliches
vertrauliches,
zärtliches

harre noch sein
warte noch
auf ihn

wider ihn
gegen ihn
(um seine Macht
zu brechen)

Gesell Reise-
gefährte, Ge-
nosse, Freund

verschäumte
schäumte bis
zur Erschöpfung
und hörte auf
auf zu schäumen
(vgl. Adelung,
Grammatisch-
kritisches
Wörterbuch
der Hochdeut-
schen Mundart)

nicht Wagen mehr, die Schimmel nicht Schimmel; alles verschäumte, verrann in zischenden Wogen, und selbst der
Fuhrmann bäumte sich als eine riesige Welle empor, riss den
vergeblich arbeitenden Hengst unter die Gewässer hinab,
und wuchs dann wieder, und wuchs über den Häuptern des   5
schwimmenden Paares, wie zu einem feuchten Turme an,
und wollte sie eben rettungslos begraben. –

Da scholl Undinens anmutige Stimme durch das Getöse
hin, der Mond trat aus den Wolken, und mit ihm ward Undine auf den Höhen des Talgrundes sichtbar. Sie schalt, sie   10

Turmeswoge
turmhohe
bzw. turm-
artige Woge

drohte in die Fluten hinab, die drohende Turmeswoge verschwand murrend und murmelnd, leise rannen die Wasser
im Mondglanze dahin, und wie eine weiße Taube sah man
Undinen von der Höhe hinabtauchen, den Ritter und Bertalden erfassen, und mit sich nach einem frischen, grünen Ra-   15
senfleck auf der Höhe emporheben, wo sie mit ausgesuchten

Labungen
Stärkungen
(Speise und
Trank; siehe
Seite 34)

Labungen Ohnmacht und Schrecken vertrieb; dann half sie
Bertalden zu dem weißen Zelter, der sie selbst hergetragen
hatte, hinaufheben, und so gelangten alle drei nach Burg
Ringstetten zurück.   20

zu dem
auf den

Funfzehntes Kapitel

Die Reise nach Wien.   25

Es lebte sich seit der letztern Begebenheit still und ruhig
auf dem Schloss. Der Ritter erkannte mehr und mehr seiner

*seiner Frauen
himmlische
Güte* die
himmlische
Güte seiner
Frau

Frauen himmlische Güte, die sich durch ihr Nacheilen und
Retten im Schwarztale, wo Kühleborns Gewalt wieder an-   30
ging, so herrlich offenbart hatte; Undine selbst empfand den
Frieden und die Sicherheit, deren ein Gemüt nie ermangelt,
solange es mit Besonnenheit fühlt, dass es auf dem rechten

Wege sei, und zudem gingen ihr in der neu erwachenden Liebe und Achtung ihres Ehemannes vielfache Schimmer der Hoffnung und Freude auf. Bertalda hingegen zeigte sich dankbar, demütig und scheu, ohne dass sie wieder diese Äußerungen als etwas Verdienstliches angeschlagen hätte. Sooft ihr eines der Eheleute über die Verdeckung des Brunnens, oder über die Abenteuer im Schwarztale irgendetwas Erklärendes sagen wollte, bat sie inbrünstig, man möge sie damit verschonen, weil sie wegen des Brunnens allzu viele Beschämung, und wegen des Schwarztales allzu viele Schrecken empfinde. Sie erfuhr daher auch von beiden weiter nichts; und wozu schien es auch nötig zu sein? Der Friede und die Freude hatten ja ihren sichtbaren Wohnsitz in Burg Ringstetten genommen. Man ward darüber ganz sicher, und meinte, nun könne das Leben gar nichts mehr tragen, als anmutige Blumen und Früchte.

In so erlabenden Verhältnissen war der Winter gekommen und vorübergegangen, und der Frühling sah mit seinen hellgrünen Sprossen und seinem lichtblauen Himmel zu den fröhlichen Menschen herein. Ihm war zumut wie ihnen, und ihnen, wie ihm. Was Wunder, dass seine Störche und Schwalben auch in ihnen die Reiselust anregten! Während sie einmal nach den Donauquellen hinab lustwandelten, erzählte Huldbrand von der Herrlichkeit des edlen Stromes, und wie er wachsend durch gesegnete Länder fließe, wie das köstliche Wien an seinen Ufern emporglänze, und er überhaupt mit jedem Schritte seiner Fahrt an Macht und Lieblichkeit gewinne. – »Es müsste herrlich sein, ihn so bis Wien einmal hinabzufahren!«, brach Bertalda aus, aber gleich darauf in ihre jetzige Demut und Bescheidenheit zurückgesunken, schwieg sie errötend still. Eben dies rührte Undinen sehr, und im lebhaftesten Wunsch, der lieben Freundin eine Lust zu machen, sagte sie: »Wer hindert uns denn, die Reise anzutreten?« –

angeschlagen
taxiert, berechnet, sich zugutegehalten

erlabenden
stärkenden, heilsamen

Lust zu machen
Freude zu bereiten

Bertalda hüpfte vor Freuden in die Höhe, und die beiden Frauen begannen sogleich, sich die anmutige Donaufahrt mit den allerhellsten Farben vor die Sinne zu rufen. Auch Huldbrand stimmte fröhlich darin ein; nur sagte er einmal besorgt Undinen ins Ohr: »Aber weiterhin ist Kühleborn wieder gewaltig?« – »Lass ihn nur kommen«, entgegnete sie lachend; »ich bin ja dabei, und vor mir wagt er sich mit keinem Unheil hervor.« – Damit war das letzte Hindernis gehoben, man rüstete sich zur Fahrt, und trat sie alsbald mit frischem Mut und den heitersten Hoffnungen an.

Wundert euch aber nur nicht, ihr Menschen, wenn es dann immer ganz anders kommt, als man gemeint hat. Die tückische Macht, die lauert, uns zu verderben, singt ihr auserkornes Opfer gern mit süßen Liedern und goldnen Märchen in den Schlaf. Dagegen pocht der rettende Himmelsbote oftmals scharf und erschreckend an unsre Tür.

Sie waren die ersten Tage ihrer Donaufahrt hindurch außerordentlich vergnügt gewesen. Es ward auch alles immer besser und schöner, so wie sie den stolzer flutenden Strom weiter hinunterschifften. Aber in einer sonst höchst anmutigen Gegend, von deren erfreulichem Anblick sie sich die beste Freude versprochen hatten, fing der ungebändigte Kühleborn ganz unverhohlen an, seine hier eingreifende Macht zu zeigen. Es blieben zwar bloß Neckereien, weil Undine oftmals in die empörten Wellen oder in die hemmenden Winde hineinschalt, und sich dann die Gewalt des Feindseligen augenblicklich in Demut ergab; aber wieder kamen die Angriffe, und wieder brauchte es der Mahnung Undinens, so dass die Lustigkeit der kleinen Reisegesellschaft eine gänzliche Störung erlitt. Dabei zischelten sich noch immer die Fährleute zagend in die Ohren, und sahen misstrauisch auf die drei Herrschaften, deren Diener selbsten mehr und mehr etwas Unheimliches zu ahnen begannen, und ihre Gebieter

weiterhin
weiter weg,
in größerer
Entfernung

gewaltig
mächtig

gehoben
beseitigt

mit seltsamen Blicken verfolgten. Huldbrand sagte öfters bei sich im stillen Gemüte: »Das kommt davon, wenn gleich sich nicht zu gleich gesellt, wenn Mensch und Meerfräulein ein wunderliches Bündnis schließen.« – Sich entschuldigend, wie wir es denn überhaupt lieben, dachte er freilich oftmals dabei: »Ich hab es ja nicht gewusst, dass sie ein Meerfräulein war. Mein ist das Unheil, das jeden meiner Schritte durch der tollen Verwandtschaft Grillen bannt und stört, aber mein ist nicht die Schuld.« – Durch solcherlei Gedanken fühlte er sich einigermaßen gestärkt, aber dagegen ward er immer verdrießlicher, ja feindseliger, wider Undinen gestimmt. Er sah sie schon mit mürrischen Blicken an, und die arme Frau verstand deren Bedeutung wohl. Dadurch, und durch die beständige Anstrengung wider Kühleborns Listen erschöpft, sank sie gegen Abend, von der sanft gleitenden Barke angenehm gewiegt, in einen tiefen Schlaf.

Kaum aber, dass sie die Augen geschlossen hatte, so wähnte jedermann im Schiffe, nach der Seite, wo er grade hinaussah, ein ganz abscheuliches Menschenhaupt zu erblicken, das sich aus den Wellen emporhob, nicht wie das eines Schwimmenden, sondern ganz senkrecht, wie auf den Wasserspiegel grade eingepfählt, aber mitschwimmend, so wie die Barke schwamm. Jeder wollte dem andern zeigen, was ihn erschreckte, und jeder fand zwar auf des andern Gesicht das gleiche Entsetzen, Hand und Auge aber nach einer andern Richtung hinzeigend, als wo ihm selbst das halb lachende, halb dräuende, Scheusal vor Augen stand. Wie sie sich nun aber einander darüber verständigen wollten, und alles rief: »Sieh dorthin, nein dorthin!« – da wurden jedwedem die Gräuelbilder aller sichtbar, und die ganze Flut um das Schiff her wimmelte von den entsetzlichsten Gestalten. Von dem Geschrei, das sich darüber erhob, erwachte Undine. Vor ihren aufgehenden Augenlichtern verschwand der missge-

durch der tollen Verwandtschaft Grillen bannt unter den schlimmen Einfluss ihrer verrückten Wassergeisterfamilie geraten lässt

wider gegen (vgl. z. B. Seite 77)

Barke (siehe Seite 15)

halb dräuende, Scheusal halb drohende Schreckbild

Vor ihren aufgehenden Augenlichtern verschwand der missgeschaffnen Gesichter tolle Schar. Als sie die Augen aufschlug, verflüchtigte sich die fürchterliche Erscheinung.

schaffnen Gesichter tolle Schar. Aber Huldbrand war empört über so viele hässliche Gaukeleien. Er wäre in wilde Verwünschungen ausgebrochen, nur dass Undine mit den demütigsten Blicken, und ganz leise bittend, sagte: »Um Gott, mein Eheherr, wir sind auf den Fluten; zürne jetzt nicht auf mich.« – Der Ritter schwieg, setzte sich, und versank in ein tiefes Nachdenken. Undine sagte ihm ins Ohr: »Wär es nicht besser, mein Liebling, wir ließen die törichte Reise, und kehrten nach Burg Ringstetten in Frieden zurück?« – Aber Huldbrand murmelte feindselig: »Also ein Gefangner soll ich sein auf meiner eignen Burg? Und atmen nur können, solange der Brunnen zu ist? So wollt ich, dass die tolle Verwandtschaft.« – Da drückte Undine schmeichelnd ihre schöne Hand auf seine Lippen. Er schwieg auch, und hielt sich still, so manches, was ihm Undine früher gesagt hatte, erwägend.

Indessen hatte Bertalda sich allerhand seltsam umschweifenden Gedanken überlassen. Sie wusste vieles von Undinens Herkommen und doch nicht alles, und vorzüglich war ihr der furchtbare Kühleborn ein schreckliches, aber noch immer ganz dunkles, Rätsel geblieben; so dass sie nicht einmal seinen Namen je vernommen hatte. Über alle diese wunderlichen Dinge nachsinnend, knüpfte sie, ohne sich dessen recht bewusst zu werden, ein goldnes Halsband los, welches ihr Huldbrand auf einer der letzten Tagereisen von einem herumziehenden Handelsmann gekauft hatte, und ließ es dicht über der Oberfläche des Flusses spielen, sich halb träumend an dem lichten Schimmer ergötzend, den es in die abendhellen Gewässer warf. Da griff plötzlich eine große Hand aus der Donau herauf, erfasste das Halsband, und fuhr damit unter die Fluten. Bertalda schrie laut auf, und ein höhnisches Gelächter schallte aus den Tiefen des Stromes drein. Nun hielt sich des Ritters Zorn nicht länger. Aufspringend schalt er in die Gewässer hinein, verwünschte alle, die sich in seine Verwandtschaft und sein Leben drängen wollten, und forderte sie auf, Nix oder Sirene, sich vor sein blankes Schwert zu stellen. Bertalda weinte indes um den

Sirene
→ Seite 113

5 verlornen, ihr so innig lieben, Schmuck, und goss mit ihren Tränen Öl in des Ritters Zorn, während Undine ihre Hand über den Schiffesbord in die Wellen getaucht hielt, in einem fort sacht vor sich hin murmelnd, und nur manchmal ihr seltsam heimliches Geflüster unterbrechend, indem sie bit-

10 tend zu ihrem Ehherrn sprach: »Mein Herzlichlieber, hier schilt mich nicht. Schilt alles, was du willst, aber hier mich nicht. Du weißt ja!« – Und wirklich enthielt sich seine vor Zorn stammelnde Zunge noch jedes Wortes unmittelbar wider sie. Da brachte sie mit der feuchten Hand, die sie unter

15 den Wogen gehalten hatte, ein wunderschönes Korallenhalsband hervor, so herrlich blitzend, dass allen davon die Augen fast geblendet wurden. »Nimm hin«, sagte sie, es Bertalden freundlich hinhaltend; »das hab ich dir zum Ersatz bringen lassen, und sei nicht weiter betrübt, du armes Kind.« – Aber

20 der Ritter sprang dazwischen. Er riss den schönen Schmuck Undinen aus der Hand, schleuderte ihn wieder in den Fluss, und schrie wutentbrannt: »So hast du denn immer Verbindung mit ihnen? Bleib bei ihnen in aller Hexen Namen mit all deinen Geschenken, und lass uns Menschen zufrieden,

25 Gauklerin du!« – Starren aber tränenströmenden Blickes sah ihn die arme Undine an, noch immer die Hand ausgestreckt, mit welcher sie Bertalden ihr hübsches Geschenk so freundlich hatte hinreichen wollen. Dann fing sie immer herzlicher an, zu weinen, wie ein recht unverschuldet und

30 recht bitterlich gekränktes liebes Kind. Endlich sagte sie ganz matt: »Ach, holder Freund, ach lebe wohl! Sie sollen dir nichts tun; nur bleibe treu, dass ich sie dir abwehren kann. Ach, aber fort muss ich, muss fort auf diese ganze junge Le-

herzlicher stärker, innerlich erschütterter und zu Herzen gehender

*auf diese ganze
junge Lebens-
zeit* für dieses
ganze mir zu-
gemessene, ge-
rade erst ange-
brochene Leben

benszeit. O weh, o weh, was hast du angerichtet! O weh, o weh!«

Und über den Rand der Barke schwand sie hinaus. – Stieg sie hinüber in die Flut, verströmte sie darin, man wusst es nicht, es war wie beides und wie keins. Bald aber war sie in die Donau ganz verronnen; nur flüsterten noch kleine Wellchen schluchzend um den Kahn, und fast vernehmlich war's, als sprächen sie: »O weh, o weh! Ach bleibe treu! O weh!« –

Huldbrand aber lag in heißen Tränen auf dem Verdecke des Schiffes, und eine tiefe Ohnmacht hüllte den Unglücklichen bald in ihre mildernden Schleier ein.

Sechzehntes Kapitel

fürderm
(siehe Seite 29)

Von Huldbrands fürderm Ergehn.

*Borne
tiefen Quell
(vgl. Seite 67)*

*bis die Schranke,
die ihm gefallen
ist, auch uns
zerfällt!* bis der
Tod, der ihn (so
früh) ereilt hat,
auch uns trifft!

Soll man sagen, leider! oder zum Glück!, dass es mit unsrer Trauer keinen rechten Bestand hat? Ich meine, mit unsrer so recht tiefen und aus dem Borne des Lebens schöpfenden Trauer, die mit dem verlornen Geliebten so eines wird, dass er ihr nicht mehr verloren ist, und sie ein geweihtes Priestertum an seinem Bilde durch das ganze Leben durchführen will, bis die Schranke, die ihm gefallen ist, auch uns zerfällt! Freilich bleiben wohl gute Menschen wirklich solche Priester, aber es ist doch nicht die erste, rechte Trauer mehr. Andre, fremdartige Bilder haben sich dazwischen gedrängt, wir erfahren endlich die Vergänglichkeit aller irdischen Dinge sogar an unserm Schmerz, und so muss ich denn sagen: Leider, dass es mit unsrer Trauer keinen rechten Bestand hat!

Der Herr von Ringstetten erfuhr das auch; ob zu seinem Heile, werden wir im Verfolg dieser Geschichte hören. Anfänglich konnte er nichts, als immer recht bitterlich weinen, wie die arme, freundliche Undine geweint hatte, als er ihr den blanken Schmuck aus der Hand riss, mit dem sie alles so schön und gut machen wollte. Und dann streckte er die Hand aus, wie sie es getan hatte, und weinte immer wieder von Neuem, wie sie. Er hegte die heimliche Hoffnung, endlich auch ganz in Tränen zu verrinnen, und ist nicht selbst manchem von uns andern in großem Leide der ähnliche Gedanke mit schmerzender Lust durch den Sinn gezogen? Bertalda weinte mit, und sie lebten lange ganz still beieinander auf Burg Ringstetten, Undinens Andenken feiernd, und der ehemaligen Neigung fast gänzlich vergessen habend. Dafür kam auch um diese Zeit oftmals die gute Undine zu Huldbrands Träumen; sie streichelte ihn sanft und freundlich, und ging dann stillweinend wieder fort, so dass er im Erwachen oftmals nicht recht wusste, wovon seine Wangen so nass waren: Kam es von ihren oder bloß von seinen Tränen?

Die Traumgesichte wurden aber mit der Zeit seltner, der Gram des Ritters matter, und dennoch hätte er vielleicht nie in seinem Leben einen andern Wunsch gehegt, als so stille fort Undinens zu gedenken, und von ihr zu sprechen, wäre nicht der alte Fischer unvermutet auf dem Schloss erschienen, und hätte Bertalden nun alles Ernstes als sein Kind zurückegeheischt. Undinens Verschwinden war ihm kundgeworden, und er wollte es nicht länger zugeben, dass Bertalda bei dem unverehlichten Herrn auf der Burg verweile. – »Denn, ob meine Tochter mich lieb hat, oder nicht«, sprach er, »will ich jetzt gar nicht wissen, aber die Ehrbarkeit ist im Spiel, und wo die spricht, hat nichts andres mehr mitzureden.«

Diese Gesinnung des alten Fischers, und die Einsamkeit, die den Ritter aus allen Sälen und Gängen der verödeten Burg schauerlich nach Bertaldens Abreise zu erfassen drohte, brachten zum Ausbruch, was früher entschlummert und in dem Gram über Undinen ganz vergessen war: die Nei-

kam ... zu erschien ... in

Traumgesichte Traumvisionen

zurückege-heischt zurückgefordert

die Ehrbarkeit die Übereinstimmung des Verhaltens einer Person mit den allgemeinen Vorstellungen von Ehre und Sitte

früher entschlummert zuvor in die Tiefen des Unbewussten herabgesunken

gung Huldbrands für die schöne Bertalda. Der Fischer hatte vieles gegen die vorgeschlagne Heirat einzuwenden. Undine war dem alten Manne sehr lieb gewesen, und er meinte, man wisse ja noch kaum, ob die liebe Verschwundne recht eigent- lich tot sei. Liege aber ihr Leichnam wirklich starr und kalt 5 auf dem Grunde der Donau, oder treibe mit den Fluten ins Weltmeer hinaus, so habe Bertalda an ihrem Tode mit schuld, und nicht zieme es ihr, an den Platz der armen Ver- drängten zu treten. Aber auch den Ritter hatte der Fischer sehr lieb; die Bitten der Tochter, die um vieles sanfter und 10 ergebner geworden war, wie auch ihre Tränen um Undinen kamen dazu, und er musste wohl endlich seine Einwilligung gegeben haben, denn er blieb ohne Widerrede auf der Burg, und ein Eilbote ward abgesandt, den Pater Heilmann, der in frühern glücklichen Tagen Undinen und Huldbranden ein- 15 gesegnet hatte, zur zweiten Trauung des Ritters nach dem Schlosse zu holen.

Der fromme Mann aber hatte kaum den Brief des Herrn von Ringstetten durchlesen, so machte er sich in noch viel größerer Eile nach dem Schlosse auf den Weg, als der Bote 20 von dorten zu ihm gekommen war. Wenn ihm auf dem schnellen Gange der Otem fehlte, oder die alten Glieder schmerzten vor Müdigkeit, pflegte er zu sich selber zu sagen: »Vielleicht ist noch Unrecht zu hindern; sinke nicht eher, als am Ziele, du verdorrter Leib!« – Und mit erneuter Kraft riss 25 er sich alsdann auf, und wallte und wallte, ohne Rast und Ruh, bis er eines Abends spät in den belaubten Hof der Burg Ringstetten eintrat.

Die Brautleute saßen Arm in Arm unter den Bäumen, der alte Fischer nachdenklich neben ihnen. Kaum nun, dass sie 30 den Pater Heilmann erkannten, so sprangen sie auf, und drängten sich bewillkommend um ihn her. Aber er, ohne vie- le Worte zu machen, wollte den Bräutigam mit sich in die

recht eigent-
lich tatsächlich

eingesegnet
hier: getraut
→ Seite 113

durchlesen
gelesen,
überflogen

Otem Neben-
form von ›Odem‹,
einem alten und
poetischen Wort
für ›Atem‹

wallte
(siehe Seite 48
bzw. 110)

Burg ziehn; als indessen dieser staunte, und zögerte, den ernsten Winken zu gehorchen, sagte der fromme Geistliche: »Was halte ich mich denn lange dabei auf, Euch in geheim sprechen zu wollen, Herr von Ringstetten? Was ich zu sagen

5 habe, geht Bertalden und den Fischer ebenso gut mit an, und was einer doch irgendeinmal hören muss, mag er lieber gleich so bald hören, als es nur möglich ist. Seid Ihr denn so gar gewiss, Ritter Huldbrand, dass Eure erste Gattin wirklich gestorben ist? Mir kommt es kaum so vor. Ich will zwar wei-

10 ter nichts darüber sprechen, welch eine wundersame Bewandtnis es mit ihr gehabt haben mag, weiß auch davon nichts Gewisses. Aber ein frommes, vielgetreues Weib war sie, soviel ist außer allem Zweifel. Und seit vierzehn Nächten hat sie in Träumen an meinem Bette gestanden, ängstlich

15 die zarten Händlein ringend, und in einem fort seufzend: ›Ach hindr' ihn, lieber Vater! Ich lebe noch! Ach, rett ihm den Leib! Ach rett ihm die Seele!‹ – Ich verstand nicht, was das Nachtgesicht haben wollte; da kam Euer Bote, und nun eilt' ich hierher, nicht zu trauen, wohl aber zu trennen, was

20 nicht zusammengehören darf. Lass von ihr, Huldbrand! Lass von ihm Bertalda! Er gehört noch einer andern, und siehst du nicht den Gram um die verschwundne Gattin auf seinen bleichen Wangen? So sieht kein Bräutigam aus, und der Geist sagt es mir: ›Ob du ihn auch nicht lässest, doch nim-

25 mer wirst du sein froh.‹«

Die dreie empfanden im innersten Herzen, dass der Pater Heilmann die Wahrheit sprach, aber sie wollten es nun einmal nicht glauben. Selbst der alte Fischer war nun bereits so betört, dass er meinte, anders könne es gar nicht kommen,

30 als sie es in diesen Tagen ja schon oft miteinander besprochen hätten. Daher stritten sie denn alle mit einer wilden, trüben Hast gegen des Geistlichen Warnungen, bis dieser sich endlich kopfschüttelnd und traurig aus der Burg ent-

Winken
(siehe Seite 48)

in geheim
im Geheimen,
unter vier Augen

*das Nachtgesicht
haben wollte*
die nächtliche
Traumgestalt
von mir wollte

*Ob du ... sein
froh.* Und wenn
du auch darauf
beharrst, dass er
dich heiratet, so
wirst du seiner
doch nicht froh
werden, so wird
eure Ehe unter
einem unglück-
lichen Stern
stehen.

dargebotne
Herberge
angebotene
Unterkunft

Labungen
(siehe Seite 78)

Grillenfänger
→ Seite 114

verhieß
versprach,
ankündigte

fernte, ohne die dargebotne Herberge auch nur für diese
Nacht annehmen zu wollen, oder irgendeine der herbeige-
holten Labungen zu genießen. Huldbrand aber überredete
sich, der Geistliche sei ein Grillenfänger, und sandte mit Ta-
gesanbruch nach einem Pater aus dem nächsten Kloster, der
auch ohne Weigerung verhieß, die Einsegnung in wenigen
Tagen zu vollziehen.

Siebenzehntes Kapitel

Des Ritters Traum.

sich ... zu
ermuntern
die Nacht
zu beenden,
aufzustehen

Schwanenfit-
tichen (siehe
Seite 17)

entschlafen
eingeschlafen,
in einen tiefen
Schlaf gefallen

Schwanensang
→ Seite 114

Es war zwischen Morgendämmrung und Nacht, da lag der
Ritter halb wachend, halb schlafend, auf seinem Lager. Wenn
er vollends einschlummern wollte, war es, als stände ihm
ein Schrecken entgegen, und scheuchte ihn zurück, weil es
Gespenster gäbe im Schlaf. Dachte er aber sich alles Ernstes
zu ermuntern, so wehte es um ihn her, wie mit Schwanenfit-
tichen, und mit schmeichelndem Wogenklang, davon er allemal wieder in den zweifelhaften Zustand angenehm betört
zurücketaumelte. Endlich aber mochte er doch wohl ganz
entschlafen sein, denn es kam ihm vor, als ergreife ihn das
Schwanengesäusel auf ordentlichen Fittichen, und trage ihn
weit fort über Land und See, und singe immer aufs Anmutigste dazu. – »Schwanenklang! Schwanensang!«, musste er
immerfort zu sich selbst sagen; »das bedeutet ja wohl den
Tod?« – Aber es hatte vermutlich noch eine andre Bedeutung. Ihm ward nämlich auf einmal, als schwebe er über dem
Mittelländischen Meer. Ein Schwan sang ihm gar tönend in
die Ohren, dies sei das Mittelländische Meer. Und während
er in die Fluten hinuntersah, wurden sie zu lauterm Kristalle,
dass er hineinschauen konnte bis auf den Grund. Er freute

lauterm
glänzendem,
hellem, reinem

sich sehr darüber, denn er konnte Undinen sehen, wie sie unter den hellen Kristallgewölben saß. Freilich weinte sie sehr, und sahe viel betrübter aus, als in den glücklichen Zeiten, die sie auf Burg Ringstetten miteinander verlebt hatten, vorzüglich zu Anfang, und auch nachher, kurz ehe sie die unselige Donaufahrt begannen. Der Ritter musste an alle[s] das sehr ausführlich und innig denken, aber es schien nicht, als werde Undine seiner gewahr. Indessen war Kühleborn zu ihr getreten, und wollte sie über ihr Weinen ausschelten. Da nahm sie sich zusammen, und sah ihn vornehm und gebietend an, dass er fast davor erschrak. »Wenn ich hier auch unter den Wassern wohne«, sagte sie, »so hab ich doch meine Seele mit heruntergebracht. Und darum darf ich wohl weinen, wenn du auch gar nicht erraten kannst, was solche Tränen sind. Auch die sind selig, wie alles selig ist, dem, in welchem treue Seele lebt.« – Er schüttelte ungläubig mit dem Kopfe, und sagte nach einigem Besinnen: »Und doch, Nichte, seid Ihr unseren Elementar-Gesetzen unterworfen, und doch müsst Ihr ihn richtend ums Leben bringen, dafern er sich wieder verehlicht, und Euch untreu wird.« – »Er ist noch bis diese Stunde ein Witwer«, sagte Undine, »und hat mich aus traurigem Herzen lieb.« – »Zugleich ist er aber auch ein Bräutigam«, lachte Kühleborn höhnisch, »und lasst nur erst ein paar Tage hingehn, dann ist die priesterliche Einsegnung erfolgt, und dann müsst Ihr doch zu des Zweiweibrigen Tode hinauf.« – »Ich kann ja nicht«, lächelte Undine zurück. »Ich habe ja den Brunnen versiegelt, für mich und meinesgleichen fest.« – »Aber wenn er von seiner Burg geht«, sagte Kühleborn, »oder wenn er einmal den Brunnen wieder öffnen lässt! Denn er denkt gewiss blutwenig an alle diese Dinge.« – »Eben deshalb«, sprach Undine, und lächelte noch immer unter ihren Tränen, »eben deshalb schwebt er jetzt eben im Geiste über dem Mittelmeer, und träumt zur Warnung dies

zu des Zweiweibrigen Tode hinauf hinauf, um den Mann mit den zwei Frauen zu töten

blutwenig nur sehr wenig

wohlbedächt-
lich Variante zu
›wohlbedacht‹

ingrimmig voll
Grimm, sehr
zornig, wütend

dräuete drohte
(vgl. auch
Seite 81)

zu fächeln
wohl: mit
ihren Flügeln
zu schlagen

unser Gespräch. Ich hab es wohlbedächtlich so eingerich-
tet.« – Da sah Kühleborn ingrimmig zu dem Ritter hinauf,
dräuete, stampfte mit den Füßen, und schoss gleich darauf
pfeilschnell unter den Wellen fort. Es war, als schwelle er
vor Bosheit zu einem Walfisch auf. Die Schwäne begannen ⁵
wieder zu tönen, zu fächeln, zu fliegen; dem Ritter war es,
als schwebe er über Alpen und Ströme hin, schwebe endlich
zur Burg Ringstetten herein, und erwache auf seinem Lager.

Wirklich erwachte er auf seinem Lager, und eben trat sein
Knappe herein, und berichtete ihm, der Pater Heilmann weile ¹⁰
noch immer hier in der Gegend; er habe ihn gestern zu Nacht
im Forste getroffen, unter einer Hütte, die er sich von Bäum-
ästen zusammengebogen habe und mit Moos und Reisig be-
legt. Auf die Frage, was er denn hier mache? denn einsegnen
wolle er ja doch nicht!, sei die Antwort gewesen: »Es gibt ¹⁵
noch andre Einsegnungen, als die am Traualtar, und bin ich
nicht zur Hochzeit gekommen, so kann es ja doch zu einer
ander Feier gewesen sein. Man muss alles abwarten. Zudem
ist ja Trauen und Trauern gar nicht so weit auseinander, und
wer sich nicht mutwillig verblendet, sieht es wohl ein.« ²⁰

Der Ritter machte sich allerhand wunderliche Gedanken
über diese Worte und über seinen Traum. Aber es hält sehr
schwer, ein Ding zu hintertreiben, was sich der Mensch einmal als gewiss in den Kopf gesetzt hat, und so blieb denn
auch alles beim Alten. ²⁵

Aber es hält sehr
schwer, ein Ding
zu hintertreiben,
was Aber es ist
sehr schwierig,
eine Sache zu
verhindern, die

Achtzehntes Kapitel

Wie der Ritter Huldbrand Hochzeit hielt. ³⁰

Wenn ich euch erzählen sollte, wie es bei der Hochzeitfeier
auf Burg Ringstetten zuging, so würde euch zumute werden,

als sähet ihr eine Menge von blanken und erfreulichen Dingen aufgehäuft, aber drüberhin einen schwarzen Trauerflor gebreitet, aus dessen verdunkelnder Hülle hervor die ganze Herrlichkeit minder einer Lust gliche, als einem Spott über die Nichtigkeit aller irdischen Freuden. Es war nicht etwa, dass irgendein gespenstisches Unwesen die festliche Geselligkeit verstört hätte, denn wir wissen ja, dass die Burg vor den Spukereien der dräuenden Wassergeister eine gefreite Stätte war. Aber es war dem Ritter und dem Fischer und allen Gästen zumut, als fehle noch die Hauptperson bei dem Feste, und als müsse diese Hauptperson die allgeliebte freundliche Undine sein. Sooft eine Tür aufging, starrten aller Augen unwillkürlich dahin, und wenn es dann weiter nichts war, als der Hausmeister mit neuen Schüsseln, oder der Schenk mit einem Trunk noch edlern Weines, blickte man wieder trüb vor sich hin, und die Funken, die etwa hin und her von Scherz und Freude aufgeblitzt waren, erloschen in dem Tau wehmütigen Erinnerns. Die Braut war von allen die Leichtsinnigste, und daher auch die Vergnügteste; aber selbst ihr kam es bisweilen wunderlich vor, dass sie in dem grünen Kranze und den goldgestickten Kleidern an der Oberstelle der Tafel sitze, während Undine als Leichnam starr und kalt auf dem Grunde der Donau liege, oder mit den Fluten forttreibe ins Weltmeer hinaus. Denn, seit ihr Vater ähnliche Worte gesprochen hatte, klangen sie ihr immer vor den Ohren, und wollten vorzüglich heute weder wanken noch weichen.

Die Gesellschaft verlor sich bei kaum eingebrochner Nacht; nicht aufgelöst durch des Bräutigams hoffende Ungeduld, wie sonst Hochzeitversammlungen, sondern nur ganz trüb und schwer auseinandergedrückt durch freudlose Schwermut und Unheil kündende Ahnungen. Bertalda ging mit ihren Frauen, der Ritter mit seinen Dienern, sich auszukleiden: von dem scherzend fröhlichen Geleit der Jungfrauen und

minder weniger (vgl. Seite 6)

gefreite befreite, sichere, geschützte (eine sogenannte Freistatt, in der ein Verfolgter Zuflucht findet)

Schenk Mundschenk, der Verwalter der Weinvorräte

etwa vielleicht

Oberstelle Spitze (am schmalen Ende)

Junggesellen bei Braut und Bräutigam war an diesem trüben Feste die Rede nicht.

Bertalda wollte sich aufheitern; sie ließ einen prächtigen Schmuck, den Huldbrand ihr geschenkt hatte, samt reichen Gewanden und Schleiern, vor sich ausbreiten, ihren morgenden Anzug aufs Schönste und Heiterste daraus zu wählen. Ihre Dienerinnen freuten sich des Anlasses, vieles und Fröhliches der jungen Herrin vorzusprechen, wobei sie nicht ermangelten, die Schönheit der Neuvermählten mit den lebhaftesten Worten zu preisen. Man vertiefte sich mehr und mehr in diese Betrachtungen, bis endlich Bertalda, in einen Spiegel blickend, seufzte: »Ach, aber seht ihr wohl die werdenden Sommersprossen hier seitwärts am Halse?« – Sie sahen hin, und fanden es freilich, wie es die schöne Herrin gesagt hatte, aber ein liebliches Mal nannten sie's, einen kleinen Flecken, der die Weiße der zarten Haut noch erhöhe. Bertalda schüttelte den Kopf, und meinte, ein Makel bleib es doch immer. – »Und ich könnt es los sein«, seufzte sie endlich. »Aber der Schlossbrunnen ist zu, aus dem ich sonst immer das köstliche, hautreinigende, Wasser schöpfen ließ. Wenn ich doch heut nur eine Flasche davon hätte!« – »Ist es nur das?«, lachte eine behende Dienerin, und schlüpfte aus dem Gemach. – »Sie wird doch nicht so toll sein«, fragte Bertalda wohlgefällig erstaunt, »noch heut Abend den Brunnenstein abwälzen zu lassen?« – Da hörte man bereits, dass Männer über den Hof gingen, und konnte aus dem Fenster sehn, wie die gefällige Dienerin sie grade auf den Brunnen losführte, und sie Hebebäume und andres Werkzeug auf den Schultern trugen. – »Es ist freilich mein Wille«, lächelte Bertalda; »wenn es nur nicht zu lange währt.« – Und, froh im Gefühl, dass ein Wink von ihr jetzt vermöge, was ihr vormals so schmerzhaft geweigert worden war, schaute sie auf die Arbeit in den mondhellen Burghof hinab.

ihren morgenden Anzug ihre Kleidung für den morgigen Tag

wohlgefällig erstaunt auf angenehme, ihr schmeichelnde Weise überrascht

gefällige beflissene, aufmerksame

Hebebäume Stangen »aus Eisen oder hartem Holz«, mit denen »unter Ausnutzung der Hebelwirkung Lasten angehoben werden« (Duden Wörterbuch)

geweigert verweigert

Die Männer hoben mit Anstrengung an dem großen Steine; bisweilen seufzte wohl einer dabei, sich erinnernd, dass man hier der geliebten vorigen Herrin Werk zerstöre. Aber die Arbeit ging übrigens viel leichter, als man gemeint hatte. Es war, als hülfe eine Kraft aus dem Brunnen heraus, den Stein emporbringen. – »Es ist ja«, sagten die Arbeiter erstaunt zueinander, »als wäre das Wasser drinnen zum Springborne worden.« – Und mehr und mehr hob sich der Stein, und fast ohne Beistand der Werkleute rollte er langsam mit dumpfem Schallen auf das Pflaster hin. Aber aus des Brunnens Öffnung stieg es gleich einer weißen Wassersäule feierlich herauf; sie dachten erst, es würde mit dem Springbrunnen Ernst, bis sie gewahrten, dass die aufsteigende Gestalt ein bleiches, weißverschleiertes Weibsbild war. Das weinte bitterlich, das hob die Hände ängstlich ringend über das Haupt, und schritt mit langsam ernstem Gange nach dem Schlossgebäu. Auseinander stob das Burggesind vom Brunnen fort, bleich stand, Entsetzens starr, mit ihren Dienerinnen, die Braut am Fenster. Als die Gestalt nun dicht unter deren Kammern hinschritt, schaute sie winselnd nach ihr empor, und Bertalda meinte, unter dem Schleier, Undinens bleiche Gesichtszüge zu erkennen. Vorüber aber zog die Jammernde, schwer, gezwungen, zögernd, wie zum Hochgericht. Bertalda schrie, man solle den Ritter rufen; es wagte sich keine der Zofen aus der Stelle, und auch die Braut selber verstummte wieder, wie vor ihrem eignen Laut erbebend.

Während jene noch immer bang am Fenster standen, wie Bildsäulen regungslos, war die seltsame Wandrerin in die Burg gelangt, die wohlbekannten Treppen hinauf, die wohlbekannten Hallen durch, immer in ihren Tränen still. Ach, wie so anders war sie einstens hier umhergewandelt! –

Der Ritter aber hatte seine Diener entlassen. Halbausgekleidet, im betrübten Sinnen, stand er vor einem großen

Schlossgebäu
→ Seite 114

stob
→ Seite 115

Burggesind
siehe ›Schlossgesind‹ (S. 68 bzw. 112)

Entsetzens starr starr vor Entsetzen

winselnd mit schwacher Stimme weinend und wehklagend

Hochgericht Galgen, Hinrichtungsstätte

Zofen weibliche Bedienten, Kammerjungfern

aus von

einstens einstmals

entlassen fortgeschickt (hatte ihnen freigegeben)

im betrübten Sinnen in traurige Gedanken verloren

Spiegel; die Kerze brannte dunkel neben ihm. Da klopfte es an die Tür mit leisem, leisem, Finger. Undine hatte sonst wohl so geklopft, wenn sie ihn freundlich necken wollte. – »Es ist alles nur Phantasterei!«, sagte er zu sich selbst. »Ich muss ins Hochzeitbett.« – »Das musst du, aber in ein kaltes!«, hörte er 5 eine weinende Stimme draußen vor dem Gemache sagen, und dann sah er im Spiegel, wie die Türe aufging, langsam, langsam, und wie die weiße Wandrerin hereintrat, und sittig das Schloss wieder hinter sich zudrückte. »Sie haben den Brunnen aufgemacht«, sagte sie leise, »und nun bin ich hier, 10 und nun musst du sterben.« – Er fühlte in seinem stockenden Herzen, dass es auch gar nicht anders sein könne, deckte aber die Hände über die Augen, und sagte: »Mache mich nicht in meiner Todesstunde durch Schrecken toll. Wenn du ein entsetzliches Antlitz hinter dem Schleier trägst, so lüfte ihn 15 nicht, und richte mich, ohne dass ich dich schaue.« – »Ach«, entgegnete die Wandrerin, »willst du mich denn nicht noch ein einziges Mal sehn? Ich bin schön, wie als du auf der Seespitze um mich warbst.« – »O, wenn das wäre!«, seufzte Huldbrand; »und wenn ich sterben dürfte an einem Kusse 20 von dir.« – »Recht gern, mein Liebling«, sagte sie. Und ihre Schleier schlug sie zurück, und himmlisch schön lächelte ihr holdes Antlitz daraus hervor. Bebend vor Liebe und Todesnähe neigte sich der Ritter ihr entgegen, sie küsste ihn mit einem himmlischen Kusse, aber sie ließ ihn nicht mehr los, sie 25 drückte ihn inniger an sich, und weinte, als wolle sie ihre Seele fortweinen. Die Tränen drangen in des Ritters Augen, und wogten im lieblichen Wehe durch seine Brust, bis ihm endlich der Atem entging, und er aus den schönen Armen als ein Leichnam sanft auf die Kissen des Ruhebettes zurücksank. 30

»Ich habe ihn totgeweint!«, sagte sie zu einigen Dienern, die ihr im Vorzimmer begegneten, und schritt durch die Mitte der Erschreckten langsam nach dem Brunnen hinaus.

94 | Friedrich Baron de la Motte Fouqué **Undine**

Neunzehntes Kapitel

Wie der Ritter Huldbrand begraben ward.

⁵ Der Pater Heilmann war auf das Schloss gekommen, sobald des Herrn von Ringstetten Tod in der Gegend kundgeworden war, und just zur selben Stunde erschien er, wo der Mönch, welcher die unglücklichen Vermählten getraut hatte, von Schreck und Grausen überwältigt, aus den Toren floh. –

¹⁰ »Es ist schon recht«, entgegnete Heilmann, als man ihm dieses ansagte: »Und nun geht mein Amt an, und ich brauche keines Gefährten.« – Darauf begann er die Braut, welche zur Witwe worden war, zu trösten, so wenig Frucht es auch in ihrem weltlich-lebhaften Gemüte trug. Der alte Fischer

¹⁵ hingegen fand sich, obzwar von Herzen betrübt, weit besser in das Geschick, welches Tochter und Schwiegersohn betroffen hatte, und während Bertalda nicht ablassen konnte, Undinen Mörderin zu schelten und Zauberin, sagte der alte Mann gelassen: »Es konnte nun einmal nichts anders sein.

²⁰ Ich sehe nichts darin, als die Gerichte Gottes, und es ist wohl niemanden Huldbrands Tod mehr zu Herzen gegangen als der, die ihn verhängen musste, der armen! verlassnen Undine!« – Dabei half er die Begräbnisfeier anordnen, wie es dem Range des Toten geziemte. Dieser sollte in einem Kirchdorfe

²⁵ begraben werden, auf dessen Gottesacker alle Gräber seiner Ahnherrn standen, und welches sie, wie er selbst, mit reichlichen Freiheiten und Gaben geehrt hatten. Schild und Helm lagen bereits auf dem Sarge, um mit in die Gruft versenkt zu werden, denn Herr Huldbrand von Ringstetten war als

³⁰ der Letzte seines Stammes verstorben; die Trauerleute begannen ihren schmerzvollen Zug, Klagelieder in das heiter stille Himmelblau hinaufsingend, Heilmann schritt mit einem hohen Kruzifix voran, und die trostlose Bertalda folg-

just eben, gerade

ansagte mitteilte

Und nun geht mein Amt an, und ich brauche keines Gefährten. Und nun kommt meine (Amts-) Pflicht, und die kann ich ohne Helfer erfüllen.

Gottesacker Friedhof

Freiheiten Befreiung von den Grundherren zustehenden Abgaben und / oder Dienstverpflichtungen

Schild und Helm ... verstorben traditionelle rituelle Handlung beim Erlöschen eines Adelsgeschlechts

Wittib
→ Seite 115

kam ... an
überkam

sorglicher stärker, heftiger

darob oberdeutsch (und altertümlich) für: darüber

Kriegsleute
Soldaten

dreist kühn, beherzt; aber auch: unverschämt

war sie wie unter den Händen fort entzog sie sich wie durch Zauber

davon diese sich sehr bewegt fand was diese tief berührte

Da Als

te, auf ihren alten Vater gestützt. – Da nahm man plötzlich inmitten der schwarzen Klagefrauen in der Wittib Gefolge eine schneeweiße Gestalt wahr, tiefverschleiert, und die ihre Hände inbrünstig jammernd emporwand. Die, neben welchen sie ging, kam ein heimliches Grauen an, sie wichen zurück oder seitwärts, durch ihre Bewegung, die andern, neben die nun die weiße Fremde zu gehen kam, noch sorglicher erschreckend, so dass schier darob eine Unordnung unter dem Trauergefolge zu entstehen begann. Es waren einige Kriegsleute so dreist, die Gestalt anreden, und aus dem Zuge fortweisen zu wollen, aber denen war sie wie unter den Händen fort, und ward dennoch gleich wieder mit langsam feierlichem Schritte unter dem Leichengefolge mitziehend gesehn. Zuletzt kam sie während des beständigen Ausweichens der Dienerinnen bis dicht hinter Bertalda. Nun hielt sie sich höchst langsam in ihrem Gange, so dass die Wittib ihrer nicht gewahr ward, und sie sehr demütig und sittig hinter dieser ungestört fortwandelte.

Das währte, bis man auf den Kirchhof kam, und der Leichenzug einen Kreis um die offne Grabstätte schloss. Da sah Bertalda die ungebetene Begleiterin, und halb in Zorn, halb in Schreck auffahrend, gebot sie ihr, von der Ruhestätte des Ritters zu weichen. Die Verschleierte aber schüttelte sanft verneinend ihr Haupt, und hob die Hände, wie zu einer demütigen Bitte gegen Bertalda auf, davon diese sich sehr bewegt fand, und mit Tränen daran denken musste, wie ihr Undine auf der Donau das Korallenhalsband so freundlich hatte schenken wollen. Zudem winkte Pater Heilmann, und gebot Stille, da man über dem Leichnam, dessen Hügel sich eben zu häufen begann, in stiller Andacht beten wolle. Bertalda schwieg und kniete, und alles kniete, und die Totengräber auch, als sie fertig geschaufelt hatten. Da man sich aber wieder erhob, war die weiße Fremde verschwunden; an der Stelle, wo sie gekniet hatte, quoll ein silberhelles Brünnlein aus dem Rasen, das rieselte und rieselte fort, bis es den Grabhügel des Ritters fast ganz umzogen hatte; dann rannte es fürder, und ergoss sich in einen stillen Weiher, der zur Seite des Gottesackers lag. Noch in späten Zeiten sollen die Bewohner des Dorfes die Quelle gezeigt, und fest die Meinung gehegt haben, dies sei die arme, verstoßene Undine, die auf diese Art noch immer mit freundlichen Armen ihren Liebling umfasse.

ein silberhelles Brünnlein eine kleine silberhelle Quelle

Weiher Teich

Illustration von Carl Röhling (1849–1922) zu Kapitel 8 (»Der Tag nach der Hochzeit«) von Fouqués Erzählung in der Ausgabe der Groteschen Verlagsbuchhandlung (3. Auflage, Berlin 1899). – Kleist-Museum Frankfurt (Oder)

Zur Textgestalt

Friedrich de la Motte Fouqué hat sein berühmtestes Werk, die Märchenerzählung »Undine«, vermutlich im Frühjahr 1809 verfasst. Textzeugnisse, die eine genaue Datierung der Entstehung erlauben würden, fehlen.

In Bezug auf die erste Veröffentlichung der Erzählung ist ein am 2. Mai 1811 geschriebener Brief Fouqués an Karl August Varnhagen aufschlussreich, der hier – auch als Ergänzung zur Schilderung von Fouqués Leben auf den Seiten 117–141 dieses Bands – etwas ausführlicher zitiert wird: »[...] Nächstens erscheint von mir eine romantische Vierteljahrsschrift, die Jahreszeiten, oder eigentlich von Hitzig, denn dem gehört der Gedanke und die Redaktion; nur wollte er gern meinen Namen dazu und viele Beiträge. Sie erscheint immer zu Eintritt der vier Jahreszeiten und enthält Arbeiten größeren Umfangs mit Ausschluss von Übersetzungen und von Proben aus andern Werken. Folgende Stanzen habe ich zur Einleitung des ersten Frühlingsheftes gedichtet:

Der Lenz erwacht, Wald blüht, und Stimmen klingen,
    Hell kommt des Morgens, lind des Abends Strahl,
    Und was ersprießt im friedlich kräft'gen Ringen,
    Man gönnt ihm gern des lust'gen Spieles Wahl;
    Mög' es im Rund von so viel heitern Dingen,
    In so viel sel'ger Träume bunter Zahl,
    Auch unserm Gartenbeet vergnüglich glücken,
    Dass Augen gern hier schau'n, und Hände pflücken.
Und weil aus Bergen reich die Ströme fließen
    In Füll' und Lust bei dieser Jahreszeit,
    Weil gern die Wolken segnend sich erschließen,
    Anschwellend Au'n zu Spiegeln klar und weit,
    Soll auch durch unsern Garten sich ergießen

Ein Bächlein, hell in Freud' und süßem Leid.
Zur Huld gezähmt, und wie es Holden diene,
In Demut willig kommt's, genannt Undine.
Zeigt ihr euch mild, so trägt ein kühnres Schwellen
Euch künftig hin durch Sommers güldnes Land.
Dann später fort in ernsten Klippenfällen
Spielt es an Herbstes rotumlaubtem Strand;
Ja, auch dem Winter darf es sich gesellen,
Verstummend nicht vor strengen Eises Band; –
Da draußen rauscht's, ihr sitzt beim Herdesfeuer,
Und hört fernher manch schaurig Abenteuer.
Denn wechselnd wird die Quelle sich gestalten,
An Namen, Klang, und an des Ufers Blühn,
Und kräft'ge Freunde werden drüber walten
Mit mannigfachem Zaubers reichem Glühn;
Der zeigt im Treiben Kraft, und der im Halten,
Der im Zerstören, der im Auferblühn,
Und vielfach lächle Sonnenstrahl den Dichtern
Aus vieler Leser heitern Angesichtern.

Hast Du nun etwas, welches Du für diesen Zweck Hitzigs Disposition
[Verfügung, Aufteilung] überlassen könntest, so schicke es mir freund-
lichst zu. Die Schlegels und noch andre denke ich mit Übersendung
des ersten Heftes einzuladen, an Jean Paul habe ich es wegen größerer
Nähe und Schreibfertigkeit früher getan, und hoffe noch auf einen
Beitrag von ihm zum ersten Stück. – Dass ich an einem großen Ritterroman arbeite, habe ich Dir wohl schon früher geschrieben? Ich
wollte Dir Lieder daraus schicken, aber es muss nun bleiben bis aufs
künftige Mal. –

Heinrich Kleist erwarte ich in diesen Tagen hier zu sehn. Er hat
mir sein neu erschienenes Lustspiel, der zerbrochne Krug, geschenkt:
ein tolles, etwas derbes und vielleicht zu langes Stück, aber trefflich,
voll kerndeutscher Laune, treuherzig, lieb und herzlichen Lachens

Erzeuger. Ich möchte es eher ein komisches Idyll nennen, als ein Lustspiel. [...] – Chamisso schweigt auch gegen uns; nach seinen letzten Briefen aber müssen wir mit jedem Tage hoffen, ihn angestiegen kommen zu sehn. [...]

Vorhin kam Marie zu mir herein, und hörend, dass ich Dir schriebe, sagte sie: (das Beste dabei, das hellfreundliche Kindergesicht und die schmeichelnde Kinderstimme musst Du Dir freilich hinzudenken) ›ach, grüße ihn doch tausendmal von mir, und er möchte doch die einzige kleine Gefälligkeit haben, und mir ein Püppchen ausschneiden [Varnhagen war für seine kunstvollen Scherenschnitte unter den Freunden berühmt], und wenn er wieder schriebe, es mit in den Brief legen. Und ich wäre noch immer so ein Speckmädchen wie sonst.‹ – Alles grüßt Dich freundlich. [...] Lebe wohl, mein herzlich lieber Freund. Schreib mir recht, recht bald [...]. Es bleibt mir heut vieles auf dem Herzen. Mit inniger Liebe

Ganz der Deinige,

Fouqué«

(Aus: Karl August Varnhagen von Ense – Friedrich de la Motte-Fouqué: Briefwechsel 1806–1834. Herausgegeben von Erich H. Fuchs und Antonie Magen. Heidelberg: Universitätsverlag Winter 2015, S. 207 bis 209)

Das Auftaktheft der Zeitschrift »Die Jahreszeiten. Eine Vierteljahrsschrift für romantische Dichtungen«, das sogenannte Frühlingsheft, bestritt Fouqué fast vollständig mit der »Undine«. Das Heft kam am 27. Juni 1811 heraus. Der Märchenerzählung vorangestellt war ein kurzes Vorwort und das oben zitierte Gedicht, das nun mit »Einladung« überschrieben war. Der Autorenangabe lautete »Vom Verfasser des ›Todesbundes‹«. Fouqués Roman »Der Todesbund« war im Vorjahr ebenfalls anonym erschienen. Da die Erzählung rasch viele begeisterte Leser fand, veranstaltete der Verleger Julius Eduard Hitzig (1780–1849) noch im gleichen Jahr 1811 eine Buchausgabe, für die Fouqué den Text noch einmal durchsah, wobei er ein paar kleinere

Korrekturen vornahm. Die wichtigste Abweichung gegenüber der Zeitschriftenfassung stellt das folgende einleitende Gedicht dar:

»Zueignung.

Undine, liebes Bildchen Du,
    Seit ich zuerst aus alten Kunden
    Dein seltsam Leuchten aufgefunden,
    Wie sangst Du oft mein Herz in Ruh!
Wie schmiegtest Du Dich an mich lind,
    Und wolltest alle Deine Klagen
    Ganz sacht nur in das Ohr mir sagen,
    Ein halb verwöhnt, halb scheues Kind.
Doch meine Zither tönte nach
    Aus ihrer goldbezognen Pforte
    Jedwedes Deiner leisen Worte,
    Bis fern man davon hört' und sprach.
Und manch ein Herz gewann Dich lieb,
    Trotz Deinem launisch dunklen Wesen,
    Und viele mochten gerne lesen
    Ein Büchlein, das ich von Dir schrieb.
Heut wollen sie nun allzumal
    Die Kunde wiederum vernehmen.
    Darfst Dich, Undinchen gar nicht schämen;
    Nein, tritt vertraulich in den Saal.
Grüß sittig jeden edlen Herrn,
    Doch grüß vor allen mit Vertrauen
    Die lieben, schönen deutschen Frauen;
    Ich weiß, die haben Dich recht gern.
Und fragt dann eine wohl nach mir,
    So sprich: ›er ist ein treuer Ritter,
    Und dient den Frau'n mit Schwert und Zither
    Bei Tanz und Mahl, Fest und Turnier.‹ «

Wo ihm der Stoff seiner Märchenerzählung begegnet war, verriet Fouqué im folgenden Jahr in der ebenfalls von ihm herausgegebenen Zeitschrift »Die Musen« (Jahrgang 1812, 4. Quartal, S. 198 f.): »Mit Vergnügen begegne ich der wohlwollenden Anfrage, berichtend, dass ich aus Theophrastus Paracelsus Schriften schöpfte. Ich benutzte die Ausgabe von Conrad Waldkirch zu Basel, vom Jahre 1590, in deren neuntem Teil S. 45 das Liber de Nymphis, Sylphis, Pygmaeis et Salamandris, et de caeteris spiritibus mir das ganze Verhältnis der Undinen zu den Menschen, die Möglichkeit ihrer Ehen u. s. w. an die Hand gab. Der alte Theophrastus ereifert sich gar ernstlich darüber, dass Leute, die an Wasserfrauen verehlicht seien, solche oftmals für Teufelinnen hielten, und sich nicht mehr nach deren Verschwinden gebunden erachteten, sondern vielmehr zur zweiten Ehe schritten. Das bringe aber den Tod, und zwar verdientermaßen. Zum Beleg erzählt er, ein Ritter Stauffenberg sei am zweiten Hochzeittage durch die Rache der beleidigten Wasserfrau gestorben. Alles Übrige im Märchen ist meine Erfindung.«

Die vorliegende Ausgabe beruht auf dem Erstdruck der Erzählung in der Zeitschrift »Die Jahreszeiten«. Dieser Erstdruck enthält eine Reihe von Satzfehlern (etwa »daron« statt »davon« oder »hereiu« statt »herein«), die hier stillschweigend korrigiert worden sind.

Die Rechtschreibung ist an den heutigen Stand angepasst. So ist, um ein Beispiel zu geben, »Wallfisch« in »Walfisch« verändert worden (S. 90, Z. 5). Zeichensetzung und Lautstand blieben jedoch – mit geringen Ausnahmen – unangetastet, wie es mittlerweile bei Neuausgaben älterer Werke üblich ist. So wurden inzwischen veraltete Formen wie »scheueten« (S. 5, Z. 23), »ward« (S. 5, Z. 28), »hub« (S. 13, Z. 11), »sahe« (z. B. S. 33, Z. 23), »funfzehn« (S. 13, Z. 12) oder »Eilftes« (S. 55, Z. 11) unverändert aus dem Original übernommen. Allerdings wurde bei der für heutige Leser sehr ungewohnten Verbform »mogt'« eine Ausnahme gemacht; sie wurde durch »mocht'« ersetzt (S. 46, Z. 13). Gleichermaßen wurde »Fittigen« durch »Fittichen« ersetzt (S. 17, Z. 8, vgl. auch S. 88, Z. 19 f. und 24). Bei der Zeichensetzung wurden alle gliedernden Satzzeichen des Originals übernommen. Wie in den allermeisten neueren Ausgaben der »Undine« wurden jedoch die wörtlichen Reden mit Anführungszeichen gekennzeichnet, weil die entsprechenden Passagen im Original in vielen Fällen nicht klar gegen den vorhergehenden oder den nachfolgenden Text abgegrenzt sind, was die Lektüre unnötig erschwert. Zudem wurden, wie es heute üblich ist, bei wörtlichen Reden, die innerhalb eines Satzes mit einem Satzzeichen enden, Kommata ergänzt (z. B. auf S. 18 in Z. 33: »[...] du schöner, betörter Jüngling!«, so rief es [...]). Ferner steht im Original vor wörtlicher Rede recht häufig statt eines Doppelpunkts ein Strichpunkt. An diesen Stellen (beispielsweise S. 12, Z. 9) wurde in dieser Ausgabe durchweg ein Doppelpunkt gesetzt. Der letzte Eingriff dieser Art betrifft das zur Abgrenzung von Figurenrede und Erzählerrede am Ende der wörtlichen Rede verwendete Satzzeichen. Im Original wird hier nicht immer ein Komma eingesetzt, sondern manchmal auch ein Strichpunkt (Beispiel: »Ich entblöße mich nicht vor der Bäuerin«; sagte Bertalda, ihr stolz den Rücken wendend.) Auch hier wurde vereinheitlicht und in allen Fällen ein Komma gesetzt (vgl. S. 60, Z. 21, aber etwa auch S. 62, Z. 13, oder S. 68, Z. 19 und 22, dort vor ›entgegnete‹). Apostrophe kommen im Originaltext recht willkürlich zum Einsatz. Ihre Verwendung wurde in dieser Ausgabe – bei insgesamt sparsamerem Gebrauch – vereinheitlicht.

Die nur ganz vereinzelt vorkommenden Hervorhebungen von Wörtern durch Kursivierung oder Großschreibung wurden originalgetreu übernommen (vgl. die Großschreibung in S. 12, Z. 15, und die Kursivierung in S. 51, Z. 24).

Erläuterungen

S. 5 Erdzunge »ein schmales, langes Stück Landes, welches sich in die See erstrecket; franz. Langue de terre« (Johann Christoph Adelung [1732–1806]: Grammatisch-kritisches Wörterbuch der Hochdeutschen Mundart. 1774–1786, 2. Auflage: 1793–1801)

Aue »[...] eine von Flüssen durchschnittene und folglich fruchtbare Gegend [...]. In noch weiterer Bedeutung, ein jeder grüner oder mit Gras bewachsener Platz« (Adelung, Grammatisch-kritisches Wörterbuch der Hochdeutschen Mundart)

Forst »Ein Wald, dessen Gebrauch nicht einem jeden freistehet, sondern in welchem das Wild oder Holz zum Behuf eines Höhern gehänget wird [der Nutznießung durch einen hochgestellten Herrn vorbehalten ist]; wodurch sich ein Forst, dem gemeinsten [allgemeinsten] Sprachgebrauche nach, von einem Walde, einer Heide, einem Holze und andern ähnlichen Benennungen unterscheidet, obgleich im gemeinen [normalen] Leben diese Wörter mehrmals [oft] als gleichbedeutend angesehen werden, zumal da es jetzt wenig Wälder in Deutschland mehr gibt, deren Gebrauch nicht auf eine oder die andere Art eingeschränket wäre.« (Adelung, Grammatisch-kritisches Wörterbuch der Hochdeutschen Mundart)

S. 6 selbsten »[...] Einige [...] Mundarten hängen diesem [...] selbst noch eine adverbische Endung an, und machen daraus selbsten, welche Form zwar im Hochdeutschen nicht selten, für die edle Schreibart aber zu gedehnt und kraftlos ist, weil [sie] mit zwei Silben nichts mehr sagt, als selbst mit einer. [...]« (Adelung, Grammatisch-kritisches Wörterbuch der Hochdeutschen Mundart)

Wams »eine kurze Bekleidung des Leibes, welche man ehedem unter dem Mantel trug, den Leib bis auf die Hüften bedeckt, und Ärmel und kurze Schöße hat. [...] Es ist noch ungewiss, ob es von Wamme, Wampe, der Unterleib, abstammet, weil es vornehmlich diesen bedecket, oder ob es als ein ausländisches Wort von Bombyx herzuleiten ist, da es denn eigentlich eine jede baumwollene Kleidung bezeichnen würde.« (Adelung, Grammatisch-kritisches Wörterbuch der Hochdeutschen Mundart)

Barette »ein ziemlich selten gewordener Name einer veralteten Kopfzierde, oder Art von Hüten, welche unten einen breiten halben Rand hatte. Ingleichen ein viereckter Hut von Sammet oder Tuch, welcher den Doktoren ausgesetzt [verliehen] wird, und in der Römischen Kirche noch bei einigen Geistlichen üblich ist.« (Adelung, Grammatisch-kritisches Wörterbuch der Hochdeutschen Mundart)

Wehrgehenke oft mit Messing, Kupfer, Gold oder Silber beschlagene Vorrichtung, mit der Degen oder Schwert um die Hüfte gegürtet oder, quer über die Brust führend, an einem über die eine Schulter hängenden Gurt getragen wurden

S. 8 dorten »Dorten, alldort oder alldorten sind müßige Verlängerungen« von ›dort‹ (Adelung, Grammatisch-kritisches Wörterbuch der Hochdeutschen Mundart).

artiges »eine gute Art habend [...]. In weiterer Bedeutung auch von leblosen Gegenständen, was man gern empfindet. Ein artiges Haus, ein artiger Garten.« (Adelung, Grammatisch-kritisches Wörterbuch der Hochdeutschen Mundart)

S. 9 zwiefacher Blödigkeit »Für Furchtsamkeit, Zaghaftigkeit, bei der Anwesenheit einer Gefahr, in welchem Verstande [Sinne] es aber im Hochdeutschen [...] veraltet ist [...]. Wohl aber gebraucht man es noch für Schüchternheit, unzeitige Scham im gesellschaftlichen Umgange. Der Mensch besitzt zu viele Blödigkeit.« (Adelung, Grammatisch-kritisches Wörterbuch der Hochdeutschen Mundart).

Schaupfennige (Silber-)Münze, die als Schmuck getragen wurde; vgl. ›Schaugeld‹: »Geld, welches nicht zum Ausgeben im Handel und Wandel, sondern zur Schau, d. i. zum Ansehen, zum Denkmal einer merkwürdigen Begebenheit geschlagen worden, dergleichen die Medaillen sind. Einzelne Stücken solches Schaugeldes werden

Schaumünzen, ehedem auch Schaugroschen und Schaupfennige genannt, sofern Pfennig und Groschen ehedem eine jede Münze bedeuteten.« (Adelung, Grammatisch-kritisches Wörterbuch der Hochdeutschen Mundart)

S. 10 seltsamlichen ›seltsamlich‹, Variante von ›seltsam‹ (vor allem in poetischem und altertümelndem Stil), bei gleichbleibender Bedeutung (vgl. Jacob und Wilhelm Grimm, Deutsches Wörterbuch)

jetzund Die Partikel ›jetzt‹ »ist von jeher verändert worden, und noch jetzt sind i[m] Hochdeutschen jetzo, itzo, jetzund, itzund, jetzunder und itzunder gangbar [verbreitet]; obgleich jetzt bei den meisten und besten Schriftstellern den Vorzug hat.« (Adelung, Grammatisch-kritisches Wörterbuch der Hochdeutschen Mundart).

S. 11 unsittiges »adj. et adv. der Gegensatz von sittig, guter äußerer Sitten beraubt, nicht sittsam; ingleichen ungestüm, unsanft. Daher die Unsittigkeit. Beide Wörter sind indessen im Hochdeutschen eben so selten geworden, als ihre veralteten Gegensätze sittig und Sittigkeit.« (Adelung, Grammatisch-kritisches Wörterbuch der Hochdeutschen Mundart)

S. 12 Springinsfeld »unerfahrener, unreifer junger Mensch von unbekümmerter Wesensart« (Duden Wörterbuch); um 1800 noch weitgehend ohne diesen negativen Beigeschmack: übermütiger, lebenslustiger junger Mensch, Leichtfuß

S. 13 Mägdlein von ›Magd‹, »ein jedes junges unverheiratetes Frauenzimmer. [...] Im Hochdeutschen ist es in diesem Verstande [Sinne] völlig veraltet, in welchem sich nur noch das Diminutivum im gemeinen [gewöhnlichen] Leben und der vertraulichen Sprechart erhalten hat. Dieses Diminut. lautet im Oberdeutschen und in der höhern Schreibart der Hochdeutschen Mägdlein, in der vertraulichen Sprechart der Hochdeutschen aber mit Ausstoßung des g, Mädchen, und im Oberd. Mädel, im Nieders. Mädeken und zusammen gezogen Mäken. Man gebraucht es daselbst in der vertraulichen Sprechart von allen jungen unverheirateten Frauenspersonen, von der Geburt an bis gegen das dreißigste Jahr ihres Alters.«

(Adelung, Grammatisch-kritisches Wörterbuch der Hochdeutschen Mundart)

S. 18 Grausenvolle von ›Grausen‹, einem »Schaudern, von dem Schauer, der durch Kälte, einen hohen Grad des Ekels, der Furcht oder des Abscheus erreget wird« (Adelung, Grammatisch-kritisches Wörterbuch der Hochdeutschen Mundart)

S. 21 freie Reichsstadt »eine Stadt, sofern sie ein unmittelbares Glied eines Reiches ist. Im Deutschen Reiche ist eine Reichsstadt, oder freie Reichsstadt, eine Stadt, welche dem Kaiser und Reiche unmittelbar unterworfen ist; zum Unterschiede von einer landsässigen oder Munizipal-Stadt.« (Adelung, Grammatisch-kritisches Wörterbuch der Hochdeutschen Mundart)

Turnieren »ein Turnier halten, im Turniere fechten; ein Wort, welches noch mehr veraltet ist, als das Hauptwort« (Adelung, Grammatisch-kritisches Wörterbuch der Hochdeutschen Mundart)

Ringelrennen Nebenform von ›Ringrennen‹: »ein Ritterspiel zu Pferde, wo mit der Lanze oder dem Wurfpfeile nach einem Ringe gerannt wird; das Ringelrennen, Ringelstechen, franz. la Quintanne, welches auch wohl an den Deutschen Höfen üblich ist« (Adelung, Grammatisch-kritisches Wörterbuch der Hochdeutschen Mundart)

Schranken »Eigentlich, die aus verschränkten oder über das Kreuz miteinander verbundenen Stäben bestehende Einschließung oder Befriedigung eines Ortes. Schranken um etwas machen oder setzen. [...] Die Schranken um einen Turnierplatz, Fechtplatz, Rennplatz [...], welche ehedem am häufigsten unter dem Worte Schranken verstanden wurden.« (Adelung, Grammatisch-kritisches Wörterbuch der Hochdeutschen Mundart)

Knappen ›Knappe‹: »ein in dem gemeinen Sprachgebrauche der Hochdeutschen größtenteils veraltetes Wort«; in der hier verwendeten Bedeutung ein Jugendlicher »von Adel, welcher noch nicht Ritter war, sondern die Ritterschaft erst noch erlernete« und während dieser Zeit« einem Ritter« diente, »dessen Waffen trug, und ihm in Gefechten Beistand leistete«. (Adelung, Grammatisch-kritisches Wörterbuch der Hochdeutschen Mundart)

Altane Als ›Altan‹ bezeichnete man »ein flaches Dach, oder auch ein[en] freie[n] Platz auf einem Dache, auf welchem man herumgehen kann«. (Adelung, Grammatisch-kritisches Wörterbuch der Hochdeutschen Mundart)

S. 22 Ihr macht es auch darnach. ›darnach‹ ist eine alte Nebenform von ›danach‹, die hier »die Art und Weise einer Handlung, das Verhältnis der Wirkung zu der Ursache, besonders im gemeinen [gewöhnlichen] Leben« bezeichnet: »Du hast es darnach gemacht, dass dich jedermann hassen muss. Er hat schlechten Kredit, aber seine Sachen stehen auch darnach.« (Adelung, Grammatisch-kritisches Wörterbuch der Hochdeutschen Mundart)

S. 24 Bücklinge »in den gemeinen und komischen Sprecharten, die Neigung des Leibes aus Ehrfurcht; die Verbeugung« (Adelung, Grammatisch-kritisches Wörterbuch der Hochdeutschen Mundart)

S. 28 englischen Gruß »der Gruß, mit welchem der Engel Gabriel die Jungfrau Maria anredete« (Adelung, Grammatisch-kritisches Wörterbuch der Hochdeutschen Mundart), als er ihr verkündete, dass sie Gottes Sohn gebären werde: »Sei gegrüßt, du Begnadete, der Herr ist mit dir.« (Lukas 1, Vers 28)

S. 33 Ampel »jetzt nur noch im Oberdeutschen übliche Benennung einer Lampe« (Adelung, Grammatisch-kritisches Wörterbuch der Hochdeutschen Mundart)

S. 34 strudelnsten ›strudeln‹: »Es ist eine Onomatopöie [Lautmalerei] des Lautes, welchen ein flüssiger Körper macht, wenn er heftig aufwallt, mit Heftigkeit aus einer Öffnung fließt, oder sich in eine Öffnung stürzet. Das Wasser strudelt, wenn es heftig siedet. Die Quelle strudelt, wenn sie das Wasser mit Heftigkeit herausstößt.« (Adelung, Grammatisch-kritisches Wörterbuch der Hochdeutschen Mundart)

S. 37 Kleinodien »In der engsten Bedeutung werden Edelsteine und aus Edelsteinen oder edlen Metallen verfertigte und zum Schmucke dienende Dinge, das Geschmeide, Kleinode, und im gemeinen [alltäglichen] Leben Kleinodien genannt.« (Adelung, Grammatisch-kritisches Wörterbuch der Hochdeutschen Mundart)

S. 40 böslich »Den göttlichen und menschlichen Gesetzen zuwider. [...] Mit Wissen und Vorsatze böse, in der Absicht zu schaden.« (Adelung, Grammatisch-kritisches Wörterbuch der Hochdeutschen Mundart)

S. 43 Mühwaltung »ein besonders in der Kanzleisprache [im damaligen ›Behördendeutsch‹] und gesellschaftlichen Höflichkeit übliches Wort«, um »eine mit Anstrengung der Kraft verbundene Handlung zu bezeichnen, besonders eine solche, wozu der andere eben nicht verpflichtet ist. Jemanden eine Mühwaltung auftragen. Ich will sie mit dieser Mühwaltung verschonen.« (Adelung, Grammatisch-kritisches Wörterbuch der Hochdeutschen Mundart)

S. 46 den griechischen Bildner Pygmalion, welchem Frau Venus seinen schönen Stein zur Geliebten belebt habe Anspielung auf eine antike Sage, die ihre besondere Popularität dem Umstand verdankt, dass sie von vielen bildenden Künstlern als dankbares Sujet aufgegriffen und dargestellt worden ist. Der römische Dichter Ovid erzählt im zehnten Buch seiner (in den ersten Jahren der christlichen Zeitrechnung entstandenen) »Metamorphosen«, der König von Zypern und begnadete Bildhauer Pygmalion habe sich, da keine Menschenfrau seinen Ansprüchen genügte, seine Idealfrau aus Elfenbein geschaffen, die Venus, die Göttin der Liebe, aus Freundlichkeit ihm gegenüber zum Leben erweckt habe. Diese in die Menschenwelt eingetretene Kunstfrau wurde Pygmalions Gefährtin und erhielt den Namen Galatea.

S. 48 wallende ›wallen‹: »sich wellenförmig bewegen. 1. Eigentlich von flüssigen Körpern, wenn sie sich in einer starken innern Bewegung befinden, welche Wellen auf der Oberfläche bildet. Das Wasser wallet in dem Topfe, wenn es kocht. Das Meer wallet [...]. Das Blut wallet [...]. 2. In weiterer Bedeutung, auch von andern leichten oder biegsamen Körpern, sich wellenförmig bewegen, besonders als ein anschauliches Wort in der dichterischen Schreibart. So wallet das Getreide auf dem Felde, wenn es durch seine Bewegung gleichsam Wellen bildet. [...] 3. Figürlich, von Leidenschaften und Empfindungen [...]. Auch am häufigsten in der dichterischen Schreibart. Das Herz wallet mir vor Freude.« (Adelung, Grammatisch-kritisches Wörterbuch der Hochdeutschen Mundart)

S. 50 Wasserhose »eine Lufterscheinung, da [in der] ein Wirbelwind die Teile einer Wolke so nahe aneinanderpresst, dass sie schnell in Wasser verwandelt wird, welches plötzlich herunterfällt, und im Herunterfallen von dem Wirbelwinde in einem Kreise herum getrieben wird; die Meerhose« (Adelung, Grammatisch-kritisches Wörterbuch der Hochdeutschen Mundart)

S. 53 Gesumse »ein anhaltendes oder wiederholtes Sumsen« (friedliches und liebliches Summen) (Adelung, Grammatisch-kritisches Wörterbuch der Hochdeutschen Mundart)

S. 54 Brunnenmeister Amtsperson, die »die Aufsicht über die öffentlichen Brunnen, Wasserleitungen und Wasserkünste eines Ortes hat; Röhrmeister, Kunstmeister. Zuweilen führen auch bloße Pumpenmacher den Namen der Brunnenmeister. An andern Orten ist es der Aufseher eines Gesundbrunnens«, also einer Heilquellen- und Kuranlage. (Adelung, Grammatisch-kritisches Wörterbuch der Hochdeutschen Mundart)

Namenstag »Der Namenstag einer Person ist der liturgische Gedenktag des Heiligen, dessen Namen diese Person trägt (Namenspatron). In manchen katholischen und orthodoxen Regionen oder Ländern ist die Feier des Namenstags bedeutender als oder wenigstens ebenso wichtig wie die des Geburtstages.« (Wikipedia)

S. 55 Namensfeier »Die Feier des Namenstages gestaltet sich ähnlich wie die Feier eines Geburtstages [...].« (Wikipedia)

S. 56 tändelt's ›tändeln‹: »sich zum Zeitvertreibe oder zur Belustigung mit unerheblichen Kleinigkeiten oder unnützen Dingen beschäftigen; spielen« (Adelung, Grammatisch-kritisches Wörterbuch der Hochdeutschen Mundart)

S. 57 gegängelt Das heute in übertragener Bedeutung noch gebräuchliche Verb ›gängeln‹ (›bevormunden‹) hat einen ganz konkreten Ursprung, vgl. ›Gängelband‹: »dasjenige Band, woran man die Kinder gängelt, [...] sie gehen lehret; das Führband oder Leitband, der Laufzaum, das Laufband« (Adelung, Grammatisch-kritisches Wörterbuch der Hochdeutschen Mundart)

S. 64 Wall »Am üblichsten ist« das Wort ›Wall‹ im »Festungsbaue, besonders der Neuern, wo eine regelmäßige Erhöhung von Erde um einen Ort, ein Wall genannt wird. Einen Wall aufwerfen. Eine Stadt mit einem Walle umgeben.« (Adelung, Grammatisch-kritisches Wörterbuch der Hochdeutschen Mundart)

Veste auch ›Feste‹; in der gängigsten Verwendung bezeichnet das Wort nach Adelung eine »Festung, welcher Gebrauch [...] in der höhern Schreibart der Hochdeutschen vorkommt, wo Feste noch so viel als ein festes Schloss, eine Burg, bedeutet.«

S. 66 durchprickeln ›prickeln‹: seinerzeit umgangssprachlich für »mehrere Stiche, besonders mehrere kleine Stiche geben oder machen« (Adelung, Grammatisch-kritisches Wörterbuch der Hochdeutschen Mundart)

S. 68 Schlossgesind Schlossgesinde: »alle diejenige[n] Personen, welche« ein Schlossherr »in seinem Gefolge oder zu seiner Bedienung hat« (Adelung, Grammatisch-kritisches Wörterbuch der Hochdeutschen Mundart)

Sonnenblick »ein Blick der Sonne, da [wenn] dieselbe auf kurze Zeit durch die Wolken oder Dünste scheinet« (Adelung, Grammatisch-kritisches Wörterbuch der Hochdeutschen Mundart)

S. 70 bescheiden »Mit einem Befehle bestimmen, besonders von der Bestimmung eines Ortes, an welchen sich jemand einfinden soll. Jemanden an einen Ort bescheiden. Ich habe ihn zu mir beschieden.« (Adelung, Grammatisch-kritisches Wörterbuch der Hochdeutschen Mundart)

S. 72 Rüster »1. Eine in vielen Gegenden übliche Benennung des gemeinen Ulmbaumes, Ulmus campestris L., wo der Name in man-

chen Gegenden auch Rüstbaum, Rüst, Rüsche, Rüschbaum, Rüß-
baum u. s. f. lautet, obgleich einige Schriftsteller behaupten, dass
die Rüster eigentlich eine Ulme mit scharfen Blättern und rotem
Holze sei. 2. Die Lehne oder der Leinbaum, eine Art des Ahornes,
Acer Platanoides L, wird in einigen Gegenden gleichfalls Rüster genannt« (Adelung, Grammatisch-kritisches Wörterbuch der Hochdeutschen Mundart)

S. 73 was gilt's »eine im gemeinen Leben [im Alltag] übliche Formel,
eine gewisse Vermutung zu begleiten, gleichsam, was gilt die Wet-
te?« (Adelung, Grammatisch-kritisches Wörterbuch der Hochdeutschen Mundart)

S. 76 Kärrnerkittel Als Kittel bezeichnete man gewöhnlich »ein
schlechtes grobes leinenes Oberkleid gemeiner [gewöhnlicher]
Leute beiderlei Geschlechtes. Ein Bauerkittel, Fuhrmannskittel,
Weiberkittel.« (Adelung, Grammatisch-kritisches Wörterbuch der
Hochdeutschen Mundart) Zu ›Kärrner‹ siehe unten.

Wassernix »ein erdichtetes Wassergespenst, welches auch nur der
Nix schlechthin genannt wird« (Adelung, Grammatisch-kritisches
Wörterbuch der Hochdeutschen Mundart)

Kärrner ein Fuhrmann, »welcher Waren auf einem Karren«, einem »zweirädrigen Wagen, von einem Orte zum andern führet. In
weiterer Bedeutung auch ein jeder, der mit einem zweirädrigen
Karren fähret«, oder auch eine Person, die »mit einem Schubkar-
ren fähret oder arbeitet; der Schubkärrner« (Adelung, Grammatisch-kritisches Wörterbuch der Hochdeutschen Mundart)

S. 83 Sirene »das Meerfräulein, das weibliche Geschlecht einer vor-
gegebenen Art Seegeschöpfe, welche am obern Leibe einem Menschen gleichen, unten aber einen Fischschwanz haben sollen; das
Meerweib, die Sirene« (Adelung, Grammatisch-kritisches Wörterbuch der Hochdeutschen Mundart)

S. 86 eingesegnet jemanden ›einsegnen‹, ihn »mit dem Segen zu einer bevorstehenden Veränderung versehen. Einen Sterbenden einsegnen, ihn der göttlichen Gnade feierlich empfehlen. Ein Paar

Verlobte einsegnen, [...] ihnen den priesterlichen Segen zu ihrem Ehestande erteilen. Eine Sechswöchnerin einsegnen, ihr den Segen ihrem ersten Kirchgange nach gehaltenen [im Haus oder Bett verbrachten] sechs Wochen [nach der Geburt eines Kindes] erteilen. Kinder einsegnen, ihnen den Segen zur Erneuerung ihres Taufbundes erteilen, welches man gemeiniglich konfirmieren, in der Römischen Kirche aber firmeln nennet. Brot und Wein einsegnen, im Abendmahle, es konsekrieren. So auch die Einsegnung.« (Adelung, Grammatisch-kritisches Wörterbuch der Hochdeutschen Mundart)

S. 88 Grillenfänger sich »künstliche mühsame Gedanken und Vorstellungen ohne Nutzen« machen, »Grillen fangen, solchen Gedanken nachhängen« (Adelung, Grammatisch-kritisches Wörterbuch der Hochdeutschen Mundart)

Schwanensang »Bis ins Altertum reicht zurück die Ansicht, dass der S. singe, insbesondere wenn er seinen Tod ahne (daher ›S.engesang‹ [...]) [...] Schilling [...]: ›Der S.engesang ist oftmals in der Tat der Grabgesang dieser schönen Tiere; denn da diese in dem tiefen Wasser ihre Nahrung nicht zu ergründen vermögen, so werden sie vom Hunger derart ermattet, dass sie zum Weiterziehen nach milderen Gegenden die Kraft nicht mehr besitzen und dann oft, auf dem Eise angefroren, dem Tode nahe oder bereits tot gefunden werden. Aber bis an ihr Ende lassen sie ihre klagenden u. doch hellen Laute hören‹.« (Handwörterbuch des deutschen Aberglaubens. Herausgegeben von Hanns Bächtold-Stäubli unter Mitwirkung von Eduard Hoffmann-Krayer. [Originalausgabe: 1927–1942; Band 7: 1936] 3., unveränderte Auflage mit einem neuen Vorwort von Christoph Daxelmüller. Band 7: Pflügen – Signatur. Berlin und New York: Verlag Walter de Gruyter 2000, Spalten 1402 f.)

S. 93 Schlossgebäu Schlossgebäude. Adelung erläutert zu ›Gebäude‹: »Im gemeinen [gewöhnlichen] Leben lautet dieses Wort oft nur Bau, in Niedersachsen Baute, ingleichen Gebau, Gebäu, in welcher letzten Gestalt es mehrmals in der Deutschen Bibel vorkommt.« (Grammatisch-kritisches Wörterbuch der Hochdeutschen Mundart)

stob Vergangenheitsform zu ›stieben‹, sich »in dicker zahlreicher Menge schnell fortbewegen. Ein Haufe Menschen stiebet auseinander« (Adelung, Grammatisch-kritisches Wörterbuch der Hochdeutschen Mundart)

S. 96 Wittib »in einigen oberdeutschen Provinzen übliche Form« des Wortes ›Witwe‹ (Adelung, Grammatisch-kritisches Wörterbuch der Hochdeutschen Mundart)

Illustration von Carl Röhling (1849–1922) zu Kapitel 15 (»Die Reise nach Wien«) von Fouqués Erzählung in der Ausgabe der Groteschen Verlags-buchhandlung (3. Auflage, Berlin 1899). – Kleist-Museum Frankfurt (Oder)

Leben und Werk im Überblick

Brandenburg an der Havel, Sacrow, Lentzke, 1777–1794

Friedrich Heinrich Karl Baron de la Motte Fouqué wird am 12. Februar **1777** in Brandenburg an der Havel (80 Kilometer südwestlich von Berlin) geboren. Die Eltern, der ehemalige Dragoneroffizier Heinrich August de la Motte Fouqué und seine Frau Marie Luise, geborene von Schlegell, sind zu diesem Zeitpunkt bereits 49 beziehungsweise 36 Jahre alt. Die 1767 geschlossene Ehe war zehn Jahre lang kinderlos geblieben. **1782** bringt Marie Luise, einen Tag nach ihrem 42. Geburtstag, einen zweiten Sohn zur Welt, der aber nach wenigen Wochen stirbt. Friedrich bleibt ein Einzelkind.

Die Fouqués sind eine ursprünglich in der Normandie ansässige französische Adelsfamilie, die sich bis ins Mittelalter zurückverfolgen lässt. 1204 war ein Fouqué im Zuge des Vierten Kreuzzuges an der Eroberung von Byzanz beteiligt. Im Zeitalter der Kirchenspaltung tritt die Familie zum protestantischen Glauben über. Als König Ludwig XIV. 1684 das knapp hundert Jahre zuvor von Heinrich IV. unterzeichnete Edikt von Nantes (1598) aufhebt, das den Hugenotten (den französischen, der Lehre des Reformators Johannes Calvin folgenden Protestanten) die Ausübung ihres Glaubens und die vollen Bürgerrechte zugestand, verlassen auch die Fouqués, wie viele ihrer Glaubensgenossen, bald darauf das Land. Über eine Zwischenstation im niederländischen Den Haag gelangen sie Anfang des 18. Jahrhunderts nach Preußen, wo der Großvater des Schriftstellers, der noch in Den Haag geborene Ernst Heinrich August de la Motte Fouqué (1698–1774), ab 1706 als Page am Hof des Fürsten Leopold I. von Anhalt-Dessau (1676–1747) – der später als preußischer Generalfeldmarschall den volkstümlichen Ehrennamen »der alte Dessauer« erhielt – aufwächst, unter dem Fürsten eine militärische Karriere macht, sich in den 1730er-Jahren das Vertrauen und die Freundschaft des preußischen Kronprinzen Friedrich (1712–1786) erwirbt, dann nach einem Zerwürfnis mit dem »alten Dessauer« vorübergehend in dänische Kriegsdienste tritt, von Friedrich II. nach dessen Thronbesteigung im Jahre 1840 jedoch sogleich wieder in die preußische Armee zurückgeholt, weiter befördert und 1842 zum Kommandanten der niederschlesischen Stadt Glatz ernannt wird. 1851 macht Friedrich ihn zum Generalleutnant. Im Siebenjährigen Krieg (1756–1763) muss er im Juni 1760 bei Landeshut (heute Kamienna Góra in Polen) mit den von ihm kommandierten 12 000 preußischen Soldaten in einer ihm vom König gegen seinen Rat befohlenen achtstündigen Schlacht eine schwere Niederlage gegen eine mehr als doppelt so starke österreichische Streitmacht hinnehmen. Er wird verwundet und gerät mit 8000 preußischen Soldaten in Gefangenschaft. Nach deren Ende kehrt er nicht mehr in den aktiven Dienst zurück. Die verlorene Schlacht bei Landeshut führt zu einer jahrelangen Entfremdung zwischen ihm und dem König, der ihm erst spät wieder seine Gunst zuwendet, ihn dann zum Domprobst (Kirchenvorsteher) in Brandenburg ernennt und in seinen letzten Lebensjahren wieder freundschaftlich mit ihm verkehrt. Als drei Jahre nach dem Tod des alten Fouqué dessen Enkel zur Welt kommt, übernimmt der »alte Fritz« als Gunstbezeigung gegenüber der Familie die Patenschaft des Stammhalters, der nach dem König Friedrich genannt und Fritz gerufen wird.

Seine Kindheit verbringt der empfindsame und träumerisch veranlagte, schon früh von ritterlichen Abenteuern faszinierte Junge auf dem nahe bei Potsdam – der Residenz seines Patenonkels, den er aber nicht viel zu sehen bekommt – gelegenen, **1779** von seinen Eltern erworbenen Herrensitz Sacrow. Der Vorbesitzer, der Festungskommandant der Zitadelle Spandau Generalleutnant Graf Johann Ludwig von Hordt, hatte nach dem Tod seiner Frau keine Freude mehr an diesem Besitz und dem erst sechs Jahre zuvor errichteten Herrenhaus. Fritz wird von wechselnden Hauslehrern unterrichtet, jungen Theologen der Universität Halle, die sich in Wartestellung auf eine Pfarrei befinden und diese Zeit, wie es damals üblich ist, als Hofmeister in adligen Häusern überbrücken (wo sich auch am ehesten Kon-

Schloss Sacrow. Fassade zur Havel. Aufnahme von Alexander Savin aus dem Jahre 2015

takte zu vornehmen Herren ergeben, die eine Pfarrstelle zu vergeben haben). Im Übrigen genießt Fritz viel Freizeit. Unter den vielen Besuchern sind auch Mitglieder der preußischen Königsfamilie. Friedrich Wilhelm (der 1797 seinem Vater Friedrich Wilhelm II. als König von Preußen nachfolgen wird) und sein Bruder Ludwig toben mit dem sieben beziehungsweise vier Jahre jüngeren Fritz Fouqué zuweilen im Haus umher. Im Alter hat Fouqué in seiner »Denkschrift über Friedrich Wilhelm den Dritten, König von Preußen: Eine biographische Mitteilung« (1842) einige Anekdoten aus diesen Begegnungen während der Kinderzeit mitgeteilt.

Hin und wieder werden auch Verwandte in Halle besucht, wo eine Schwester der Mutter mit ihrer Familie lebt. Der gleichaltrige Cousin Karl von Madai wird zum lebenslangen, engsten Freund.

1787, als Friedrich zehn Jahre alt ist, zieht die Familie vorübergehend nach Potsdam. Im **Frühjahr 1788** erfolgt ein weiterer Umzug, nachdem der Vater ein Rittergut in Lentzke bei Fehrbellin (60 Kilometer nordwestlich von Berlin) gekauft hat. Am Ende des Jahres stirbt die Mutter dort im Alter von 48 Jahren. **1789** erhält Friedrich mit August Ludwig Hülsen (1765–1809) einen neuen Hauslehrer, der für seine geistige Entwicklung wichtig wird. Hülsen hat in Halle bei dem

Altertumswissenschaftler Friedrich August Wolf (1759–1824) klassische Philologie (vor allem Homer) studiert und geht 1794, nach Beendigung seiner Tätigkeit im Hause Fouqué, an die Universitäten Kiel und Jena, wo er sich mit den philosophischen Schriften Kants und Fichtes auseinandersetzt und persönliche Kontakte zum Kreis der Jenaer Frühromantik (August Wilhelm und Friedrich Schlegel, Novalis, Ludwig Tieck) aufbaut, von denen auch sein ehemaliger Schüler profitiert, mit dem er weiter in Verbindung bleibt.

1792 wird Friedrich konfirmiert. Ab **1793** beschäftigt er sich ernsthaft mit Literatur. Er liest Werke des damals berühmten, in Weimar lebenden, aufklärerisch-empfindsamen Schriftstellers Christoph Martin Wieland (1733–1813), lernt die Stücke Shakespeares kennen – die damals in Wielands Prosa-Übersetzung vorlagen, bevor sich dann August Wilhelm Schlegel kurz vor 1800 an sein großes Projekt der bis heute klassischen Shakespeare-Übertragungen machte – und unternimmt erste eigene poetische Versuche.

Aschersleben, Bückeburg, Gronau, Aschersleben, 1794–1802

Am 17. Februar **1794**, als er eben siebzehn Jahre alt geworden ist, tritt Fouqué als Kornett (damals der unterste Offiziersrang innerhalb der berittenen Truppen) ins Kürassierregiment Herzog von Weimar ein, das im 50 Kilometer nordwestlich von Halle gelegenen Aschersleben stationiert ist. (Kürassiere trugen Kürasse, Brustpanzer, und gehörten somit zur sogenannten schweren – schwer ausgerüsteten und bewaffneten – Kavallerie.) Für die nächsten knapp neun Jahre ist er preußischer Offizier. Das ist die für einen preußischen Adligen naheliegende Laufbahn. Nicht nur sein Großvater, auch sein Vater hatte ja der preußischen Armee angehört, auch wenn dieser dort keine große Karriere gemacht hatte. Das lag an einer körperlichen Missbildung. Im frühen Kindesalter war er von einer Amme fallen gelassen worden. Dieser Sturz hatte seine körperliche Entwicklung beeinträchtigt. Er blieb klein und verwachsen und war den physischen Anstrengungen des Soldatenberufs nicht gewachsen. Aufgrund von »Brustkrämpfen« musste er nach einigen Jahren im Range eines Seconde-lieutenants den Abschied nehmen. Friedrich II., der die Leidenschaft seines Vaters, des Soldatenkönigs Friedrich Wilhelm I. (1688–1740), für »lange Kerls« nicht in gleichem Maße teilte, gewährte Fouqué in Anerkennung seiner Bemühungen die lebenslange Fortzahlung seines (jedoch ohnehin nicht sehr beträchtlichen) Leutnantsgehalts.

Als dessen Sohn Friedrich in die Armee eintritt, ist der Erste Koalitionskrieg, den Österreich und Preußen zusammen mit einigen kleineren deutschen Staaten gegen das revolutionäre Frankreich führen, seit knapp zwei Jahren im Gange. Ab Mai nimmt der junge Fouqué an Kampfhandlungen teil. Im Winter bezieht sein Regiment Quartier bei Groß-Gerau nahe Darmstadt. Im **Frühjahr 1795** wird es nach Osnabrück verlegt. Kurz darauf, Anfang April 1795, schließt Preußen unter Friedrich Wilhelm II. (1744–1797, König ab 1786), dem Neffen und Nachfolger des »alten Fritz«, einen Sonderfrieden mit Frankreich (»Friede von Basel«) und scheidet aus der Koalition aus. Für die nächsten zehn Jahre hält sich Preußen, das ab 1797 von dem rechtschaffenen, aber persönlich gehemmten und als Herrscher unentschlossenen Friedrich Wilhelm III. (1770–1840) – Fouqués einstigem Spielkameraden – regiert wird, zum Unwillen der anderen alten Mächte von deren verzweifelten Versuchen fern, den Expansionsdrang Frankreichs unter dessen selbsternanntem Kaiser Napoleon einzudämmen. Bei den sich dabei laufend ergebenden neuen Grenzziehungen auf dem Gebiet des in Auflösung begriffenen Heiligen Römischen Reichs Deutscher Nation profitiert Preußen wiederholt, indem es vom Kaiser der Franzosen für seine Neutralität mit Gebietszuwächsen belohnt wird.

Während sich also die Armeen der anderen europäischen Mächte zwischen 1792 und 1815 in ständiger Alarmbereitschaft befinden und in immer neuen Kriegen dezimiert und reorganisiert werden, führen die preußischen Soldaten ein ereignisarmes Garnisonsleben. Fouqués Regiment verlässt nach dem Friedensvertrag mit Frankreich im **Mai 1795** Osnabrück und kehrt über Minden, wo Fouqué sich in die fünfzehnjährige Elisabeth von Breitenbach (1780–1832) verliebt, nach Aschersleben zurück. Den Sommer dieses Jahres verbringt er daheim in Lentzke.

1796 tritt die Erinnerung an Elisabeth von Breitenbach durch eine neue Liebe in den Hintergrund, die der dreizehnjährigen Marianne von Schubaert (1783–1862) gilt, der Tochter eines Oberstleutnants im Regiment Herzog von Weimar, in dem auch Fouqué dient. Fouqué selbst rückt in diesem Jahr in den Rang eines Secondelieutenants auf. Im Sommer wird das Regiment ins etwa 50 Kilometer westlich von Hannover gelegene Dorf Rocke verlegt. Dort bleibt Fouqué für die nächsten drei Jahre.

Das Jahr **1797** ist vor allem vom privaten Studium der englischen Sprache und Literatur ausgefüllt. Anfang **1798** stirbt der Vater im Alter von 70 Jahren. Am 20. September heiratet Fouqué die inzwischen fünfzehnjährige Marianne von Schubaert. Zehn Monate später, Ende Juni **1799**, wird er bei einem Duell verletzt und erhält die Erlaubnis, sich in Lentzke zu erholen. Im September kehrt er zu seinem Regiment zurück, das nach Gronau bei Hildesheim verlegt wird. Den Winter über widmet er sich dem Altgriechischen und der Lektüre Homers.

Im Herbst **1800** kehrt das Regiment nach Aschersleben zurück. Dort beginnt Fouqué, im Alter von nunmehr 23 Jahren, mit regelmäßiger poetischer Produktion. Die ersten Versuche aus dieser Zeit vernichtet er jedoch später. Anfang **1802** besucht er Weimar, das literarische Zentrum des damaligen Deutschland, wo es zu Begegnungen mit Goethe, Schiller und Herder kommt. Im Sommer lernt er in Berlin August Wilhelm Schlegel (1767–1845) kennen, der dort seit November 1801 Privatvorlesungen »Über schöne Literatur und Kunst« hält, die beim Publikum viel Anklang finden. Schlegel ist aus Jena weggegangen, nachdem sich seine Frau Caroline (1763–1809) in den Philosophen Friedrich Wilhelm Joseph Schelling (1775–1854) verliebt hat, und wohnt in Berlin im Haushalt des Philologen und Gymnasiallehrers August Ferdinand Bernhardi (1769–1820) und seiner Frau Sophie (1775–1833), der jüngeren Schwester Ludwig Tiecks (1773–1853), mit der er bald ein Verhältnis hat. Fouqué ahnt davon nichts, schreibt an Bernhardi und Schlegel arglose Briefe, ist aber selbst in diesem entscheidenden Jahr 1802 in ernste Liebesangelegenheiten verstrickt. Er lernt die seit 1799 verwitwete Caroline von Rochow (1775–1831) kennen, trennt sich im Herbst von Marianne, der er sein Gut überlässt, lässt sich scheiden, reicht seinen Abschied aus der Armee ein, der ihm am 8. November gewährt wird, und wohnt ab Dezember mit Caroline auf Schloss Nennhausen bei Rathenow (70 Kilometer westlich von Berlin) bei Herrn von Briest, seinem künftigen Schwiegervater, um sich von nun an ganz der Schriftstellerei widmen zu können.

Schloss Nennhausen bei Rathenow, 1802–1833

Nennhausen war seit gut einhundert Jahren in den Händen der Familie Briest. Ein massives Haupthaus aus der Barockzeit wurde von zwei Seitenflügeln flankiert (der nördliche Seitenflügel wurde im 19. Jahrhundert im Zuge baulicher Veränderungen abgerissen). Noch vom vorherigen Renaissancebau her stammte die ungewöhnliche Auf-

Schloss Nennhausen im brandenburgischen Havelland, der Familiensitz von Fouqués zweiter Frau. Ansicht vom Park aus. Aufnahme von Gregor Rom aus dem Jahre 2018

teilung der Räume, die in zwei Reihen nebeneinander lagen, ohne durch einen Flur getrennt zu sein. Carolines Vater, Friedrich August Philipp von Briest (1749–1822), ein verabschiedeter Rittmeister der preußischen Armee, übernahm die Güter Nennhausen und Bamme 1780 nach dem frühen Tod seines älteren Bruders. Caroline war am 7. Oktober 1775 noch in Berlin zur Welt gekommen. Ihr Vater und ihre Mutter, Caroline von Zinnow, geschiedene Gräfin von Schulenburg (1752–1800), hatten 1774 geheiratet. 1789 kam ein Bruder zur Welt, der aber nur wenige Monate lebte. Der Vater verwaltete die beiden Güter und widmete sich mit Hingabe der Umgestaltung des barocken, der herrschaftlichen Selbstrepräsentation dienenden Schlossgartens in einen sogenannten englischen Landschaftspark, welcher bei größtmöglicher Mannigfaltigkeit der landschaftlichen Szenerien dennoch so natürlich wie möglich wirken und einem nach Einklang mit der Natur strebenden empfindsamen Spaziergänger als Rückzugsort dienen sollte.

In dieser Umgebung verbringt Fouqué, abgesehen von Aufenthalten in Berlin und sehr vereinzelten Reisen, die meiste Zeit der folgenden drei Jahrzehnte bis 1833. Die Hochzeit findet am **9. Januar 1803** statt. Für beide Eheleute ist es, wie erwähnt, die zweite Ehe. Caroline war 1791 eine frühe Ehe mit dem jungen Leutnant der Garde du Corps Friedrich Ehrenreich Adolph Ludwig Rochus von Rochow (1770–1799) eingegangen, dessen Eltern Güter in der Nachbarschaft besaßen. Das junge Paar wohnte in Potsdam. Drei Kinder stellten sich ein: 1792 Gustav Adolph Rochus, 1794 Theodor Heinrich Rochus und 1796 Clara Maria Friederike Caroline. Sie alle kamen in Nennhausen zur Welt. Bald zeigte sich jedoch, dass Caroline und ihr Mann nicht miteinander harmonierten. 1797 kehrte Caroline ins Elternhaus zurück und dachte über Scheidung nach. Bevor es dazu kommen konnte, erschoss sich ihr Mann 1799 aufgrund hoher Spielschulden, die zurückzuzahlen er nicht in der Lage war.

Aus Carolines Ehe mit Fouqué stammt nur noch ein weiteres Kind, die Tochter Louise Maria Caroline, die bereits am 13. September 1803 geboren wird. In einem Brief an August Wilhelm Schlegel vom Juni 1806 bezeichnet Caroline sie als »ein derbes, hübsches, kluges Kind«, das ihrem Vater außerordentlich gleiche und hoffentlich auch sein Talent geerbt habe.

Fouqué wird am Anfang seiner Laufbahn als Schriftsteller von Schlegel protegiert. Aus dem Kreis der Zuhörer von Schlegels Vorlesungen bildet sich 1803 der »Nordsternbund«, eine literarische Gruppierung, die maßgeblich von Karl August Varnhagen (1785–1858) und Adelbert von Chamisso (1781–1838) initiiert ist.

Varnhagen, in Düsseldorf gebürtig, studiert nach dem Vorbild seines Vaters in Halle, Berlin und Tübingen Medizin, versucht aber nebenher mit größerer Leidenschaft, sich in der literarischen Welt als Herausgeber und Autor zu etablieren. Nach den Befreiungskriegen, an denen er sich aktiv beteiligt, gelangt er als preußischer Diplomat zu Ansehen und findet, nachdem er sich ins Privatleben zurückgezogen hat, auch seine literarische Berufung als Chronist der ersten Hälfte des 19. Jahrhunderts. Seine zeitgeschichtlichen und biografischen Schriften, die oft persönlich gehalten und scharf beobachtet sind (und daher manchen Skandal und empörten Protest hervor- sowie auch die Zensur beziehungsweise den ›preußischen Verfassungsschutz‹ auf den Plan riefen), sowie seine umfangreichen Lebenserinnerungen (»Denkwürdigkeiten des eignen Lebens«) gehören zu den wichtigsten kulturgeschichtlichen Quellen jener Zeit. Zwischen 1806 und 1811 ist er eng mit Fouqué befreundet (vgl. auch die Seiten 99–101 dieses Bands). Mit seinen Aufzeichnungen über das Ehepaar Fouqué hat er deren Bild in der Nachwelt lange Zeit (solange sich die Nachwelt überhaupt für die Fouqués interessierte) stark beeinflusst.

Chamisso wird ein weiterer enger Freund Fouqués. Seine Eltern sind 1792 aus Frankreich geflohen und haben sich 1796 in Berlin niedergelassen. Dort hat er das Französische Gymnasium (Collège Français) besucht und wurde anschließend Page bei Luise von Preußen, einer Schwester des Prinzen Louis Ferdinand. 1798 ist er in die preußische Armee eingetreten, wo er seit 1801 den Rang eines Leutnants bekleidet. Aber auch er versucht dem Soldatenleben zu entkommen (was ihm 1807 endlich gelingt) und Schriftsteller zu werden. Mit Fouqué teilt er das Schicksal, heute vor allem als Autor eines einzigen Werkes bekannt zu sein. Bei Fouqué ist es die »Undine«, bei Chamisso »Peter Schlemihls wundersame Geschichte«. Diese der »Undine« thematisch verwandte, im Sommer 1813 entstandene Märchenerzählung erschien 1814 unter der verkaufsfördernden Herausgeberschaft des damaligen Erfolgsautors Fouqué.

Weitere Mitglieder des »Nordsternbundes« sind unter anderem Varnhagens Freund Wilhelm Neumann (1781–1834) – mit dem Fouqué zwischen 1812 und 1814 die literarische Zeitschrift »Die Musen« herausgeben wird –, Ludwig Tiecks früherer Lehrer und nunmehriger Schwager, der Gymnasialprofessor August Ferdinand Bernhardi, sowie der künftige Verleger – Fouqués Hauptverleger in den Jahren seines großen Erfolgs bis 1814 – und enge Freund E. T. A. Hoffmanns (1776–1822) Julius Eduard Hitzig (1780–1849), der zu dieser Zeit noch Referendar am Berliner Kammergericht ist und 1804 als Regierungs-assessor nach Warschau geht; ferner Ludwig Robert (1778–1832), der jüngere Bruder Rahel Levins (1771–1833) – welche aufgrund ihres eigenwillig geistreichen Wesens eine eigene Attraktion im intellektuellen Berlin ist und 1814 Varnhagen heiratet – und der Arzt in Ausbildung David Ferdinand Koreff (1783–1851). Später stößt Fouqué hinzu, der den meisten der hier Genannten lange Zeit eng verbunden bleibt.

Ins Jahr 1803 fallen auch Fouqués erste Publikationen, die dramatische Szene »Der gehörnte Siegfried in der Schmiede« und zwei dialogische Gedichte, die August Wilhelm Schlegels jüngerer Bruder Friedrich in seiner kurzlebigen Zeitschrift »Europa« veröffentlicht. Im Frühjahr **1804** folgt dann ein eigener Band »Dramatische Spiele«, der unter dem von August Wilhelm Schlegel für Fouqué gewählten Pseudonym »Pellegrin« erscheint. Schlegel tritt als Herausgeber auf und sorgt so dafür, dass die literarische Welt auf den neuen Autor aufmerksam wird. Als Varnhagen und Chamisso Fouqué im Folgejahr um

Beiträge für den dritten Band eines von ihnen in den Jahren 1804 bis 1806 jährlich herausgegebenen »Musen-Almanachs« bitten, ist er bereits ein gefragter Autor. **1805** arbeitet er hauptsächlich an einem Dramenzyklus über den mittelalterlichen römisch-deutschen Kaiser aus dem Geschlecht der Salier Heinrich IV. (1050–1106), den er aber nicht zum Abschluss bringt.

Derweil verschlechtern sich die Beziehungen zwischen Frankreich und Preußen. Napoleon, von Erfolg zu Erfolg eilend, behandelt den neutralen Staat, dessen Armee unter Friedrich dem Großen noch in ganz Europa gefürchtet war, und seinen zögerlichen König mit immer unverhohlenerer Geringschätzung und zwingt ihn schließlich in einen Kriegszustand mit England. Frankreichs Provokationen werden immer offener, gleichzeitig erhöhen Russland und Österreich den Druck auf Preußen, sich nicht länger aus allem herauszuhalten. In Berlin gewinnt die von der populären Königin Luise (1776–1810) unterstützte Kriegspartei allmählich die Oberhand. Im **Frühherbst 1806** spitzt sich die Lage zu und der König gibt seinen Widerstand gegen einen Waffengang auf. Preußen, schlecht vorbereitet und ohne Verbündete dastehend, erklärt Frankreich überstürzt den Krieg und wird bereits wenige Tage später am 14. Oktober in der Doppelschlacht bei Jena und Auerstedt von den Franzosen vernichtend geschlagen. Der Krieg ist damit bereits entschieden, schleppt sich allerdings noch fast ein Dreivierteljahr hin, bis es auf Vermittlung Russlands im **Juli 1807** zum Friedensschluss von Tilsit kommt, durch den Preußen mehr als die Hälfte seines Territoriums verliert und sich bis auf Weiteres mit der demütigenden Rolle einer ausgebluteten und finanziell ruinierten Mittelmacht und eines Zwangsverbündeten Napoleons, dessen Truppen auf Jahre hin einen großen Teil des Landes besetzt halten, abfinden muss.

Die Jahre der preußischen Demütigung, der mühevollen Reorganisation des in seinen Grundfesten erschütterten Staatswesens mit seinen veralteten Strukturen, diese Jahre der »Preußischen Reformen« zwischen 1808 und 1813 (dem Beginn der Befreiungskriege gegen die französische Vormachtstellung in Europa), sind die Jahre von Fouqués großem schriftstellerischen Erfolg. Seine Stoffe, die er dem glorifizierten Ritterwesen eines weitgehend fiktiven Mittelalters und dem Sagenkreis der germanischen und nordischen Mythologie entnimmt, stillen das Verlangen vieler Leser nach zumindest vorübergehender Flucht in ferne, edle, heldische Zeiten, in denen deutsche Ritter oder germanische Recken sich im Kampf bewähren und in der Liebe ihre aufopfernde Treue unter Beweis stellen. Sein zweibändiger Roman »Alwin« von **1808** findet viel Anklang. In den Jahren 1808 **bis 1810** entsteht und erscheint (im Verlag von Hitzig) die Dramentrilogie »Der Held des Nordens«, deren stoffliche Grundlage die nordische Variante des Sagenkreises um Sigurd (Siegfried) und den Nibelungenhort ist: »Sigurd der Schlangentöter. Ein Heldenspiel in sechs Abenteuern«, »Sigurds Rache. Ein Heldenspiel in sechs Abenteuern«, und »Aslauga. Ein Heldenspiel in drei Abenteuern«. Jean Paul urteilt, Fouqué kleide in diesen dramatischen Gedichten »die Elefantengerippe der Götterlehre aus Norden in lebendiges Fleisch, und die Kolossen schreiten und blicken«. Friedrich Schlegel lobt, »die nordische Dichtkunst« zeige sich in diesen Werken »in ihrer ganzen Herrlichkeit und Schöne«. Nur die Brüder Jacob (1785–1863) und Wilhelm Grimm (1786–1859) in Kassel, zwei junge Juristen, die seit einigen Jahren alte deutsche Sagen und Märchen sammeln und zu Experten der alten Volksliteratur geworden sind, die sie mit Pietät behandeln und einem breiteren Publikum in möglichst unverfälschter Form wieder zugänglich machen wollen, sind nicht beeindruckt von Fouqués zurechtgemachter Heldenwelt und tadeln die »sündliche Gewandtheit, die er im Versmachen hat« (Jacob Grimm).

Diese frappierende Mühelosigkeit im Fabrizieren nicht immer tiefschürfender Verse hat auch Varnhagen registriert, der Fouqué und seiner Frau zu Pfingsten 1807 zusammen mit August Ferdinand Bernhardi einen Besuch abstattet. Dieser ist inzwischen in einen schmutzigen Scheidungskrieg mit seiner Frau, Tiecks Schwester, verwickelt, die ihn nicht nur mit Schlegel, sondern danach auch noch mit einem weiteren Hausgast, dem wenig vermögenden deutsch-baltischen Baron Karl Georg von Knorring (1773–1841), betrogen hat, den sie 1810 schließlich auch heiratet. Varnhagen macht bei diesem Besuch erstmals die persönliche Bekanntschaft Fouqués, seiner Frau und seines Schwiegervaters und wird von Bernhardi während ihrer Fußreise nach Nennhausen auf die Begegnung vorbereitet. Herr von Briest sei »ein vortrefflicher, in jedem Betracht ehrwürdiger Mann, von großer hagerer Gestalt, milder Freundlichkeit und wohltuendem Ernst«. Seine Tochter, Frau von Fouqué, sei »groß und wohlgestaltet, schön von Gesicht, dessen edle Züge nur durch die überaus mächtigen Lippen gestört« würden, dabei »ihrer Reize wohlbewusst« sowie »höchst lebhaft und feurig in ihren Regungen und Ansprüchen«. Sie begreife sich als die »Herrin des Hauses« und setze sich »über Vater, Stiefmutter« – Briest war »in seinen hohen Jahren« eine zweite Ehe mit einer zuvor »sein Hauswesen leitende[n] Verwandte[n]« eingegangen – »und Gemahl leicht hinweg«, beziehe »alles auf sich« und beanspruche die schönsten Zimmer des Hauses für sich. »Der gute Fouqué erschien hierbei als ein argloses Kind, welches in den Spielen der Einbildungskraft sich mit aller Freiheit vergnügen dürfe, auch in Ehre und Ansehen keineswegs verkürzt werden solle, aber in allen Beziehungen der Wirklichkeit nicht mitzusprechen habe.«

Mit solchen Vorabinformationen ausgestattet, kann sich Varnhagen, »als ich mit Bernhardi [...] die Gesellschaft in ihrem gewöhnlichen Beisammensein am Abend bei schon angezündeten Lichtern überrascht und nach den ersten Begrüßungen Platz und Umsicht genommen hatte, [...] eines ungünstigen Eindrucks, den mir Fouqués kleine gedrückte Gestalt und piepende Stimme machte, so wenig wie des höchst günstigen erwehren, den ich von Frau von Fouqué empfing, deren Blicke und Reden bei jener ersten Bekanntschaft eine angeregte Teilnahme bezeigten und mir wider Willen eine gleiche abnötigten«. Schon am nächsten Tag aber ändert er seine Meinung. An der Hausherrin bemerkt er nun »eine Plumpheit adeligen Stolzes«, die ihn abstößt und gegen die »Fouqués Rittertum als ein artiges Spiel erschien«. Frau von Fouqué sei seine Reserve nicht entgangen und sie habe sich nun ihrerseits ihm gegenüber höflich kalt und gleichgültig benommen.

»Desto liebevoller und befriedigender stellte sich das Verhältnis mit Fouqué. [...] Seine Dichtung stand auf der Höhe des genussreichsten Hervorbringens [...]; die üppigste Fruchtbarkeit und anmutigste Leichtigkeit ließen ihm alles zu Gedichten und Reimen werden, was er nur berührte, und [...] die stete Gegenwart und Flüssigkeit dieser poetischen Regung [...] erhöhte für seine näheren Freunde, die das Hervorbringen mit ansahen, den Reiz und die Wärme seiner Dichtergebilde, welche für sich allein und von ihrem Entstehen getrennt betrachtet, allerdings« den Eindruck etwas zu schnellfertigen Produzierens erwecken konnten. »Mich aber bezauberte dieser reiche Wachstum, der sich gleichsam unter meinen Augen entfaltete und mehrte, denn Fouqué hatte nicht nur ganze Schubladen mit schon abgeschlossenen Handschriften gefüllt, sondern in der kurzen Zeit unsrer Anwesenheit sahen wir den Vorrat um große und kleine Stücke bereichert; jeder Tag und jede Stunde, besonders aber regelmäßig der frühere Nachmittag, fand Fouqué'n zum Schreiben aufgelegt, und dann schrieb er seine Sachen, Lyrisches oder Dramatisches und gleicherweise epische Prosa, fast ohne auszustreichen, ununterbrochen hin, so schnell die Feder laufen mochte. Viele Stunden wurden mit Vorlesen verbracht, andre mit Erzählungen, ein guter Teil des Tages auch mit Spazierengehen in dem herrlichen Park, welchen der alte Briest mit Einsicht gepflanzt hatte und noch täglich mit Liebe pflegte [...]. Die Abende verbrachte man gesellig bei Tee und Abendessen, zwischen welche für den alten Briest wohl eine Schachpartie sich eindrängte; zuweilen auch ergötzte man sich mit Pistolenschießen oder Kegeln [...].« (Karl August Varnhagen von Ense: Denkwürdigkeiten des eignen Lebens. Erster Band: 1785–1810. Herausgegeben von Konrad Feilchenfeldt. Frankfurt am Main: Deutscher Klassiker Verlag 1987, S. 436–441)

Bernhardis Ehestreitigkeiten werden besprochen, in denen sich Varnhagen und Fouqué auf des Freundes Seite schlagen, und Varnha-

Nennhausen, gemalt von Theodor Hennike für die 1857 bei Alexander Duncker erschienene Sammlung von Ansichten preußischer Schlösser. Kleist-Museum Frankfurt (Oder)

gen liest aus einem parodistischen – den jeweiligen Stil bekannter Autoren imitierenden – Romanprojekt vor, das er gemeinsam mit Neumann begonnen hat, indem sie abwechselnd jeweils ein Kapitel schreiben. Die Idee findet Anklang, Fouqué erklärt sich bereit mitzutun und steuert in der Folge ein paar Kapitel bei. Auch Bernhardi ist mit einigen Anekdoten mit von der Partie und **Ende 1808** erscheint das Gemeinschaftswerk unter dem Titel »Die Versuche und Hindernisse Karls«, erzielt aber – aufgrund der damals schon wieder in Süddeutschland sich vorbereitenden, alles überlagernden Kriegsgeschehnisse, wie Varnhagen in seinen Lebenserinnerungen vermutet – nicht die erhoffte Resonanz.

Größerer Erfolg ist Fouqué mit seinen eigenen Werken beschieden. Seine Produktivität in jenen Jahren ist enorm. Wohl im **Frühjahr**

1809 entsteht die Märchenerzählung »Undine«, die knapp zwei Jahre später im ersten Heft der von Julius Eduard Hitzig herausgebrachten Zeitschrift »Die Jahreszeiten« veröffentlicht wird (vgl. dazu den Abschnitt »Zur Textgestalt«, S. 99–101). Bis 1814 erscheinen insgesamt vier Hefte, die ausschließlich Werke Fouqués enthalten, darunter die Erzählung »Die beiden Hauptleute« (1812 im »Sommer-Heft«) und den Roman »Sintram und seine Gefährten. Eine nordische Erzählung nach Albrecht Dürer« (1814 im »Winter-Heft«). Weitere Werke dieser Zeit sind die Erzählung »Das Galgenmännlein«, die 1810 in der Zeitschrift »Pantheon« erscheint, der Roman »Der Todesbund« sowie die unter dem Titel »Vaterländische Schauspiele« in einem Band zusammengefassten Stücke »Waldemar der Pilger« und »Der Ritter und die Bauern« (alles 1811), ferner der ab 1811 entstehende Ritterroman »Der Zauberring«, den der Nürnberger Verleger Johann Leonhard Schrag (1783–1858) 1813 in drei Bänden herausbringt.

Auf Hitzigs Vermittlung hin formt Fouqué 1812 seine »Undine« in ein Opernlibretto für E. T. A. Hoffmann (1776–1822) um, der zu dieser Zeit als Autor auf sich aufmerksam zu machen beginnt, sich aber in erster Linie noch als Musiker, vor allem als Dirigent und Komponist, begreift. (Hoffmann hatte 1808 seinen juristischen Brotberuf aufgegeben, als sich die Möglichkeit auftat, als Musikdirektor nach Bamberg zu gehen, wo er sich aber nicht lange hielt. 1813 und 1814 war er Dirigent einer zwischen Leipzig und Dresden pendelnden Operntruppe, bevor er dann im Berliner Kammergericht wieder als Jurist zu arbeiten begann und nebenher als Autor von Erzählungen, in denen das Fantastische in die reale Welt hereinbricht, eine ständig wachsende Leserschaft fand.) Zudem versucht Fouqué sich als Übersetzer – 1809 überträgt er das Trauerspiel »Numancia« des spanischen Nationaldichters Miguel de Cervantes (1547–1616) ins Deutsche – und liefert Heinrich von Kleist (1777–1811) im Winter 1810 auf 1811 einige Beiträge für dessen kurzlebige »Berliner Abendblätter«; daneben engagiert er sich als Herausgeber von Zeitschriften, Taschenbüchern und Almanachen.

Als Napoleon im **Spätjahr 1812** in Russland scheitert, sein Stern zu sinken beginnt und der nach Breslau ausgewichene preußische König Friedrich Wilhelm III. endlich den langersehnten Ruf an sein Volk ergehen lässt, zu den Waffen zu greifen und die Franzosen zurück nach Frankreich zu treiben, hält es Fouqué natürlich auch nicht länger in der Abgeschiedenheit Nennhausens. Als Anführer einer Schar von Kriegsfreiwilligen aus dem Havelland erscheint er in Breslau, wird (wie der seit kurzer Zeit in Breslau lehrende Naturforscher Henrik Steffens) zum Leutnant bei der Kavallerie ernannt und nimmt am **2. Mai 1813** an der ersten größeren Schlacht der Befreiungskriege bei Großgörschen teil, in der ihm ein Pferd erstochen und er von einem Kosaken aus der daraus resultierenden Lebensgefahr befreit wird, wie Hitzig im Februar 1843 in einem als Nachruf auf den kurz zuvor gestorbenen Freund entstandenen Lebensabriss Fouqués berichtet. »Doch hatte er«, so Hitzig weiter, »in der Nacht des nämlichen Tages eine andere Gefahr zu überstehen. Er stürzte mit einem zweiten sich überschlagenden Pferde in ein fast grundloses Wasser und zog sich dadurch eine Erkältung zu, deren Folgen nie wieder ganz beseitigt wurden und deren nächste ein furchtbarer Brustkrampf war, welcher ihn an den Rand des Grabes brachte. Dem Tode wurde er zwar entrissen; aber es blieb eine Mattigkeit zurück, die den Regimentsarzt zu der amtlichen Erklärung veranlasste: ›Noch ein Bivouac [Biwak, Feld- bzw. Nachtlager], und der Lieutenant ist rettungslos verloren.‹ Unter diesen Umständen blieb nichts anderes übrig als Abschiedsgesuch, und dies ward sofort bewilligt. Aus dem Felde der Ehre sandte Friedrich Wilhelm III. dem Todmatten noch den St. Johanniterorden ›für bewiesene hohe Liebe gegen König und Vaterland‹ und die Erteilung des Rangs als Major der Kavallerie.« (Briefe an Friedrich Baron de la Motte Fouqué von Chamisso, Chezy, Collin, Eichendorff, Gneisenau, Heine, E. T. A. Hoffmann [und anderen]. Mit einer Biographie Fouqués von Jul. Ed. Hitzig [...] herausgegeben von Albertine Baronin de la Motte Fouqué. Berlin: W. Adolf & Comp. 1848, S. 8)

Damit sind nach wenigen Wochen die Befreiungskriege für Fouqué beendet, die aber auch ohne ihn gewonnen wurden. Dass er sich über die erfolgreiche Rückkehr Preußens in den Kreis der europäischen Großmächte aufrichtig gefreut hat, darf vorausgesetzt werden. Die nun nach dem Wiener Kongress anbrechende Periode der Restauration ist jedoch seinem Erfolg beim Publikum nicht günstig. Die Welle des Patriotismus, die die Menschen während der Befreiungskriege erfasst hat, weicht der nüchternen Einsicht, dass die Fürsten sich an die von ihnen gegebenen Versprechen nicht gebunden fühlen und die in sie gesetzten Hoffnungen enttäuschen werden: Sie wollen keine Verfassungen, sie wollen keine politische Teilhabe selbstbewusster Bürger, sie wollen weiterhin Untertanen regieren, über die sie eine uneingeschränkte Macht ausüben. Die Menschen wollen, dass ihnen das Vaterland gemeinsam gehöre, die Fürsten wollen, dass ihnen weiterhin die Menschen gehören. Das führt zu einem verbreiteten, wenn auch meist unterdrückten Widerwillen gegen das Verzopfte alter Traditionen. Fouqué bleibt von diesem Wandel in den Köpfen vieler seiner Leser jedoch unberührt. Er schreibt weiterhin seine in alten vorrepublikanischen Welten spielenden Heldengeschichten, die aber nun immer weniger Resonanz finden.

Noch hat sein Autorenname immerhin genügend Klang, um beim Publikum erfolgreich für Werke junger oder weniger bekannter Autoren zu werben. So erscheint Joseph von Eichendorffs (1788–1857) erster Roman »Ahnung und Gegenwart« 1815 mit einem Vorwort von Fouqué im Verlag von Johann Leonhard Schrag in Nürnberg. Bei Schrag erscheint **ab 1815** auch ein »Frauentaschenbuch«, das Fouqué zunächst zusammen mit seiner Frau, dem schwäbischen Dichter Ludwig Uhland (1787–1862), Johann Friedrich Kind (1768–1843) und Franz Horn (1781–1837) herausgibt. Ab 1821 übernimmt der Dichter, Übersetzer und Orientalist Friedrich Rückert (1788–1866) die Herausgabe. Daneben betreut Fouqué zusammen mit einigen Mitstreitern zwischen 1816 und 1821 die Vierteljahrschrift »Müßige Stunden«.

E. T. A. Hoffmanns »Undine« wird am 3. August **1816**, zur Feier des Geburtstags des Königs, »mit dem größten Aufwand von Mitteln« (Hitzig in seinem Nachruf auf Fouqué, dort S. 9) im Königlichen Schauspielhaus zu Berlin uraufgeführt, kommt sehr gut an und erlebt noch 13 weitere Aufführungen, bevor beim großen Brand des Schauspielhauses am 29. Juli 1817 die von Carl Friedrich Schinkel (1781–1841) entworfenen Dekorationen vernichtet und nicht mehr ersetzt werden. Hoffmanns künstlerische Leistung findet bei den fachkundigen Kritikern hohe Anerkennung. Der Komponistenkollege Carl Maria von Weber (1786–1826), der 1821 mit dem »Freischütz« die populärste Oper der deutschen Romantik schreiben wird, bezeichnet Hoffmanns Werk im Frühjahr 1817 als »eines der geistvollsten, das uns die neuere Zeit geschenkt hat. Es ist das schöne Resultat der vollkommensten Vertrautheit und Erfassung des Gegenstandes« (zitiert nach: Beata Kornatowska: »Undine. Zauberoper in drei Akten [1816]«. http://etahoffmann.staatsbibliothek-berlin.de/leben-und-werk/musiker/undine-zauberoper-in-drei-akten-1816/). Der Librettist muss sich dagegen die Kritik gefallen lassen, sein Operntext lasse durchaus wichtige Handlungselemente der Erzählung aus, sehr zum Schaden der Gesamtwirkung. Möglicherweise sind diese monierten Auslassungen aber auch auf Eingriffe Hoffmanns in Fouqués Text zurückzuführen.

Anfang **1817** startet dieser ein neues schriftstellerisches Großprojekt, in dem er unter dem Gesamttitel »Altsächsischer Bildersaal« bedeutende Momente der Vergangenheit in Dramen und Romanen zur Darstellung bringen will. **1818** ist ein gesundheitliches Krisenjahr: Der knapp 41-jährige Fouqué erkrankt zu Beginn des Jahres schwer (wahrscheinlich erleidet er einen Schlaganfall) und erholt sich nur langsam. Gleichwohl erscheinen **zwischen 1818 und 1820** bei Schrag die ersten vier Bände des »Altsächsischen Bildersaals«: »Herrmann«, »Welleda und Ganna«, »Schön Irsa« und »Die vier Brüder von der Weserburg«. Danach kommt die Sache nach Meinungsverschiedenheiten mit dem Verleger zum Erliegen.

Auch Fouqués Frau Caroline war eine produktive Schriftstellerin – und inhaltlich vielseitiger als ihr Mann. Wie dieser veröffentlicht sie zunächst unter einem Pseudonym: Ihre »Drei Mährchen« erscheinen 1806 unter dem poetischen Namen »Serena«. Den »Anti-Bildungs-roman« (Barbara Gribnitz) »Rodrich« veröffentlicht sie im Folgejahr anonym und als dieser Anklang findet, erscheinen die nächsten Werke unter dem Vermerk »Von der Verfasserin des Rodrich, etc.«, was damals eine gängige Vorgehensweise war. Erst ab 1812 veröffentlicht sie unter ihrem eigenen Namen, zumeist in der folgenden Form: ›Caroline Baronin de la Motte Fouqué, geborene von Briest‹. Ihr Gesamt-werk beziffert Barbara Gribnitz auf »ungefähr 20 Romane, 60 Erzäh-lungen, Gedichte, theoretische Abhandlungen und kulturhistorische Essays«. Sie habe »weibliche Lebensentwürfe zwischen Selbstbehaup-tung und Anpassung« geschildert, habe in ihren Erzählungen »gern romantische und schauerromantische Lesererwartungen« erfüllt, ih-re Geschichten oft mit historischen Ereignissen »verwoben« (wobei sie allerdings nicht ganz so weit in ferne Zeiten hinabstieg wie ihr Mann, sondern sich auf die jüngere Vergangenheit zwischen Refor-mation und Französischer Revolution bezog), habe sich in verschiede-nen Schriften darüber Gedanken gemacht, »was und wie Mädchen lernen sollten«, habe die traditionsreiche literarische Gattung des Dialogs gepflegt und sich vielfach bemüht, alltägliche Phänomene in ihrer geschichtlichen Entwicklung darzustellen, was sie »zu einer der ersten Kulturhistorikerinnen« habe werden lassen (Barbara Grib-nitz: Caroline de la Motte Fouqué, geb. von Briest, auf Nennhausen. Frankfurter Buntbücher 48. Herausgegeben von Wolfgang de Bruyn und Hans-Jürgen Rehfeld. Frankfurt an der Oder: Kleist-Museum 2010, S. 17–19).

Im Eheleben der Fouqués ist Caroline eindeutig der dominierende Teil. Seine Kränklichkeit und ihre Vitalität erzeugen ein gewisses Un-gleichgewicht. So unterhält Fouqué nach dem Muster eines höfischen Minneritters des Mittelalters jahrelang eine ehrerbietig-schwärmeri-sche platonische Liebe zu einer hohen Dame, der Prinzessin Marianne von Preußen (Marie Anne Amalie, geborene Prinzessin von Hessen-Homburg, 1785–1846), einer Schwägerin des Königs, während Caroline sich, wie Varnhagen versichert, »offen jede Freiheit« nahm. Trotz dieser sicher zuweilen auch kränkenden ›Unabhängigkeit‹ seiner Frau bleibt Fouqué ihr jedoch treu ergeben.

Als im **März 1819** der viel gespielte (aber von anspruchsvollen Lesern eher mit Geringschätzung betrachtete) Lust- und Schauspieldichter August von Kotzebue, der schon lange über Verbindungen nach Russland verfügt und seit 1817 das Amt eines russischen Generalkonsuls innehat, in Mannheim auf der Türschwelle seines Hauses von dem Theologiestudenten Karl Ludwig Sand mit dem Ausruf »Hier, du Verräter des Vaterlandes!« erstochen wird, gehört die Sympathie vieler Menschen nicht dem Opfer, sondern dem Täter. Universitätsprofessoren verteidigen den Mord und sprechen der Mutter des – ein Jahr später hingerichteten – Mörders ihr Mitgefühl aus. Fouqué aber nimmt die Tat zum Anlass, »der deutschen Jugend [...] in ernsten Jamben einen Warnungsspiegel vorzuhalten« (Hitzig, a. a. O., S. 9). Das ist einerseits ehrenwert und andererseits ungeschickt, weil er sich mit dieser Intervention auf die Seite der Obrigkeit zu schlagen scheint, die die Tat zum Anlass nimmt, im ganzen Gebiet des Deutschen Bundes mit den ›Karlsbader Beschlüssen‹ von August 1819 die bürgerlichen Freiheiten radikal einzuschränken, die Zensur zu verschärfen und ein breitangelegtes Polizei- und Spitzelsystem zu etablieren. Im Übrigen schlägt Fouqués Mahngedicht – »Freundes Ruf an Deutschlands Jugend: Der Mord Augusts von Kotzebue« – keine hohen Wellen – auch dies bereits ein Zeichen der zunehmenden Gleichgültigkeit des Publikums gegenüber dem früheren Erfolgsautor. Nur hier und da regt sich Spott über den wie aus der Zeit gefallenen Dichter. Die größte und nachteiligste Wirkung hat Fouqués Intervention auf ihn selbst, zumindest nach der Überzeugung seines Freundes Hitzig: »Es setzte sich nämlich der Gedanke in ihm fest – den er wahrscheinlich mit in das Grab genommen –, dass die Abnahme des ungemeinen Wohlgefallens des großen Publikums an seinen Werken, eine Tatsache, über welche er sich nicht täuschen konnte, Werk einer politischen Partei sei, deren Hass er durch offene Manifestation [Kundgabe] seiner politischen Gesinnung auf sich gezogen; gewiss ein Wahn, aber ein Wahn vollkommen hinreichend den Rest seiner Tage zu verbittern.« (Hitzig, a. a. O., S. 9f.)

Im Sommer **1820** stirbt August Ferdinand Bernhardi, der kurz zuvor noch Direktor des Friedrich-Wilhelms-Gymnasiums geworden ist. Fouqué und der Rechtsanwalt Carl Schede (1774–1833), ein enger Freund von Bernhardis Ex-Schwager Tieck, sind als Testamentsvollstrecker eingesetzt. Schede verwaltet das Vermögen des Toten, damit dessen beide Söhne und die Ex-Frau, Tiecks Schwester Sophie, nicht sofort Zugriff auf das ganze Erbe haben und es nach ihrer Art leichtsinnig verschwenden.

Als Schriftsteller bleibt Fouqué auch in den 1820er-Jahren unverändert produktiv. **1821** arbeitet er an einem Drama »Don Carlos« und einem Roman »Der Verfolgte«, **1822** erscheint der zweibändige Roman »Ritter Elidouc«, **1823** der Ritterroman »Wilde Liebe« und **1824** die im Sommer zuvor fertig gewordene »Lebensbeschreibung des Generals Fouqué«, des Großvaters des Autors. Aber seine Verleger verhalten sich zu seinen neuen Produktionen immer zögerlicher; immer mehr Zeit vergeht zwischen der Fertigstellung und dem Erscheinen eines Werkes: Der 1824 entstandene Roman »Sage von dem Gunlaugur, genannt Drachenzunge« kommt erst **1826** heraus, das im Frühjahr 1826 entstandene Drama »Der Sängerkrieg auf der Wartburg« erst **1828** und der erste Teil der Lebenserinnerungen »Eines deutschen Dichters Halbjahrhundert« erst **1830**, wiederum mit zweijähriger Verzögerung. Ab 1828 fällt es Fouqué zunehmend schwer, überhaupt noch einen Verleger für seine Werke zu finden. Vieles bleibt von nun an ungedruckt. Daran ändert sich auch nichts, als Fouqué versucht, sich dem Geist der Gegenwart anzunähern: Ein Roman über die jüngere Vergangenheit mit dem Titel »Abfall und Buße oder die Seelenspiegel. Ein Roman aus der Gränzscheide des achtzehnten und neunzehnten Jahrhunderts«, der ab Mitte **1829** entsteht, kommt erst 1844, im Jahr nach dem Tod Fouqués, heraus. 1830 beginnt Fouqué ein ›Poetisches Tagebuch‹ zu führen, das er bis zu seinem Tod fortsetzt.

Am 21. Juli **1831** stirbt Caroline im Alter von 57 Jahren. Der trauernde Ehemann wird durch ihr Testament in finanzielle Verlegenheiten gestürzt. Vergeblich bemüht er sich, wieder in die Armee aufgenommen zu werden. Er versucht sich über den Verlust hinwegzutrösten, indem er Mitte August eine neue Ritterdichtung zu schreiben beginnt (»Parcival«). Im Dezember kommt die 25-jährige Albertine Maria Tode als Gesellschafterin von Fouqués inzwischen 28-jähriger Tochter Marie ins Haus.

Einen Teil des Winters 1832 auf 1833 verbringt Fouqué in Giebichenstein bei Halle. Am 25. April **1833** geht er in Berlin mit der fast 30 Jahre jüngeren Albertine Maria Tode eine dritte Ehe ein. Die Familie empfindet diese Verbindung als nicht standesgemäß. Carolines Söhne aus erster Ehe Gustav von Rochow (1792–1847) – der Regierungspräsident in Merseburg ist, aber schon 1834 zum preußischen Innen- und Polizeiminister aufsteigen und ab 1844 bis zu seinem Tod Präsident des Preußischen Staatsrats sein wird – und Theodor von Rochow (1794–1854) – der eine militärische Karriere macht und es bis zum Generalleutnant und preußischen Gesandten in Sankt Petersburg bringt, wo er auch stirbt – wollen den Ex-Stiefvater nicht länger auf dem Briest'schen Familiensitz dulden. Auf ihren Druck hin verlässt Fouqué nach drei Jahrzehnten Nennhausen und zieht mit seiner Frau im Sommer 1833 nach Halle.

Halle, 1833–1841

In Halle hält Fouqué an der Universität außerplanmäßige öffentliche Vorlesungen über literarische und zeitgeschichtliche Gegenstände. Im Oktober **1834** erleidet seine Frau die Totgeburt einer Tochter.

Die folgenden Jahre verstreichen ohne große Ereignisse. Im Herbst **1838** kommt ein junger Mann von südländischer Eleganz nach Halle und in Fouqués Haus, der spätere Lyriker und Autor Charles Teodor

Fournel (1817–1869), mit dem Albertine ein intimes Verhältnis eingeht, das über Jahre hinweg Bestand hat. Im Oktober **1839** bringt sie einen Sohn zur Welt, Karl Friedrich Wilhelm (gestorben 1874), dessen leiblicher Vater aller Wahrscheinlichkeit nach Fournel ist. **1840** übernimmt Fouqué Redakteursaufgaben bei der »Zeitschrift für den deutschen Adel« und verfasst den zweiten Teil seiner »Lebensbeschreibung«.

Der Grabstein von Friedrich de la Motte Fouqué auf dem Alten Garnisonfriedhof Berlin. Aufnahme von Andreas Steinhoff aus dem Jahre 2007

Berlin, 1841–1843

Im Sommer **1841**, in Fouqués 65. Lebensjahr, zieht die Familie nach Berlin um. In Halle erscheint derweil in zwölf kleinen Bänden eine Auswahlausgabe von Fouqués Werken (»Ausgewählte Werke von Friedrich Baron de la Motte Fouqué. Ausgabe letzter Hand«).

Fouqué setzt auch in Berlin seine Vorlesungen fort, findet aber nur wenige Zuhörer. Am **23. Januar 1843**, drei Wochen vor seinem 66. Geburtstag, stirbt er, nachdem er zwei Tage zuvor einen Schlaganfall erlitten hat. Er wird am 26. Januar auf dem Garnisonfriedhof beerdigt. Am 29. Januar bringt Albertine einen zweiten Sohn zur Welt, Friedrich Wilhelm Waldemar (gestorben 1921), dessen leiblicher Vater wohl wiederum ihr langjähriger Liebhaber Fournel ist.

westermann GRUPPE

© 2019 Bildungshaus Schulbuchverlage
Westermann Schroedel Diesterweg
Schöningh Winklers GmbH, Braunschweig
www.westermann.de

Druck A 1 / Jahr 2019

Alle Drucke der Serie A sind im Unterricht parallel verwendbar.

Bildnachweis: S. 2, 98, 116 und 131: Kleist-Museum Frankfurt (Oder); S. 119: A. Savin (Wikimedia Commons · WikiPhotoSpace); S. 123: Gregor Rom (Wikimedia Commons); S. 140: Andreas Steinhoff (Wikimedia Commons)

Redaktion, Satz, Erläuterungen und ›Leben und Werk im Überblick‹: Dr. Hans-Georg Schede, Freiburg

Layout: Yvonne Behnke, Berlin
Druck: westermann druck GmbH, Braunschweig

ISBN 978-3-14-120017-1